朝日新書
Asahi Shinsho 888

歴史を読み解く城歩き

千田嘉博

朝日新聞出版

はじめに

いま、城は大人気である。そして城好きには性差も年齢も関係ない。本当にすばらしいことではないか。そしてお城ファンの一人として、多くの方が城に関心をもってくださることをうれしく思う。

全国に三万カ所以上もあった城は、ひとつひとつが地域の歴史を反映して個性的なものだった。江戸城や大坂城のように巨大な大名の城があった一方で、村の人びとが協力して、大切な人の生命と財産を守るために築いた小さな城もあった。大きくて強い城だけが重要なのではなく、小さくて弱い城も、重要な歴史的意味をもっていた。

小さくて弱い城を詳しく語る文字史料はほとんどない。城を多く築いた中世・近世の文字史料にはさまざまなものがあっても、戦いに敗れた側の記録は少ない。だから文字史料からわかることがすべてと考えていては、こぼれ落ちる歴史があるのに気がつけない。

草木をかき分け、落ち葉を踏みしめ、冷たい空気に白い息を吐きながら城を訪ねると、文字史料では見えなかった歴史を体感できる。目の前に広がる城のかすかな堀も、ささやかな土塁《どるい》（防御のための土手）も、戦国の世に生命と財産を守り、懸命に生き抜こうとした人びとの決意を示している。城を歩いて読み解くことは、城を資料として歴史を究明する新しい研究方法なのである。

さて本書を手に取って、はじめにを読んでくださっているあなたは、城に関心をもちはじめているか、すでに関心をもっているか、恐るべき熱心な城ファンのいずれかであるに違いない。

城の楽しみ方は広くて深い。日本百名城・続百名城を訪ねる、現存天守を制覇《せいは》する、石垣に熱中する、土の城を究める、城写真に邁進《まいしん》する、武将隊を応援する、ご城印を集める……一人ひとりが自分らしく楽しめるのが城で、どの楽しみ方も正解である。

そして城が好きになると、どんどん深みにはまる。標準的な城好きの進化過程は、およそ次のようである。

第一段階：天守や櫓《やぐら》などの城の建造物に感心をもつ。

第二段階：石垣や堀といった城の土木構築物が気になる。

第三段階：建物がまったく残っていない「城跡」をよろこんで訪ねるようになる。
第四段階：ついには石垣もない、ただ地面が凸凹《でこぼこ》しているだけの土の城を心から楽しめるようになる。

つまり城好きを究めた第四段階になると、一般常識では何もないと思う山林で、地面のわずかな窪《くぼ》みや盛り上がりを観察してよろこび、歴史を考えて感動できる。これまでの知識と城跡歩きの経験を総動員して、この窪みには城門があった、この高まりには櫓が建っていたと、脳内で城を復元するようになる。

ふつう縄文時代や弥生時代の遺跡は完全に埋没していて、専門家が発掘した成果を見学して考えるしかない。それに対して中・近世の城跡は遺跡になってまだ四〇〇〜五〇〇年しか経っていないので、埋まりきっていない。

そのため専門家が発掘しなくても、現地を訪ねれば誰でも窪んだ堀跡や土塁跡を観察し、城のかたちを把握できる。城歩きがすばらしいのは、誰もがオリジナルの資料＝城から歴史を考えられる点にある。歴史研究において、城ほど市民に開かれた研究分野はない。

本書は、これから城の世界に飛び込んでみようという人にも、かなり城を歩いているという人にも、休日は城一択という人にも、それぞれ城を歩く楽しさと、城から歴史を読み解く意義を実感していただけるようにくふうした。

現代社会は環境変動、少子高齢化、戦争、エネルギーなど厳しい問題が山積みで、誰もがくじけそうになる。本書で詳述していく城を築いた人びとは、戦いの危機に直面してあきらめず、それぞれに最善の城を築いて生き残ろうと努力した。そして生き残れば次のチャンスをつかめると信じた。城が語る戦国の人びとの強さは、厳しい時代を生きていく私たちに勇気を与えてくれるに違いない。

目次

2章　城から読み解く戦国の人と社会

終章　城歩きを支えるもの

本書は朝日新聞地域面連載「千田先生のお城探訪」（二〇一九年一〇月四日付～二〇二二年九月二三日付）の記事と写真、および千田嘉博「金鯱の歴史的意義」（名古屋城金シャチ特別展覧実行委員会二〇二一『名古屋城金シャチ特別展覧 公式ガイドブック』収載）をもとに再構成したものである。

序章
楽しい城歩き

いざ城へ（兵庫県 姫路城）

城歩きはなぜ楽しいのか

なぜ城歩きファンが増えたのか

いま、城歩きはブームを超えて、ひとつの趣味として確立した。なぜこれほど城ファンが増えたのか。城を訪ねることは、適度な運動で健康によい。城を歩いて四季の自然にふれ花鳥風月を愛《め》でれば、心は豊かになり、気持ちもリフレッシュする。仕事の意欲も湧《わ》いてくる。歩くだけでもよいが、事前に本を読んで臨めば、歴史を知って深い教養が身につく。つまり城ファンになると、よいことばかりである。

そんなことをいわれても、家のそばに城なんてないと思う方も多いに違いない。しかし兵庫県におよそ一〇〇〇城、大阪府に五〇〇城、京都府に一〇〇〇城以上、滋賀県に一〇〇〇城、奈良県に四〇〇城、和歌山県に六〇〇城もの城があったとわかっている。お住まいの地域にも必ず城はある。

信貴山（しぎさん）城（奈良県平群町）の空堀。こうした凸凹に感動できるようになれば、立派な城ファン＝筆者撮影

ただし城と聞いて大坂城や姫路城を思い浮かべたのでは、身近な城を見落としてしまう。江戸時代には大名だけが城を築いたが、中世には地域の武士も、村のお殿様も、寺社も、村や町の住民連合も、自分たちにふさわしい城を築いた。だから中世の城は、圧倒的に多かった一方で、まだ石垣も天守もない土づくりの城がほとんどだった。

地域に残る中世の城は、史跡としての保護や活用が遅れている。そのほとんどは案内板もなく、草刈りや道の整備もしていない。草木に覆われ、あるいは田畑になり、周囲の風景に溶け込んで、ひと目見ただけでは城とわからない。

だから中世の城歩きでは、ときに藪《やぶ》をかき分けて進むこともある。そうやって地面を削ったり盛り上げたりした堀や土塁（防御の土手）の跡をたどり、パズルのように読み解いて、城の姿を頭の中で復元していく。

江戸時代の城のように構造がわかりやすくはなく、またひとつひとつ自然地形を活《い》かしてつくり、かたちが異なったのだから、中世の城歩きは楽しい。現地を訪ねてどのような城だったかを読み解けば、城がわかるだけでなく、その城を築いた武将も見えてくる。織《お》田信長《だのぶなが》、豊臣秀吉《とよとみひでよし》、明智光秀《あけちみつひで》、徳川家康《とくがわいえやす》の考え方、人となりも城からわかることは多い。

城歩きをどう楽しむか

城を訪ねてどのように楽しむか。いろいろな方法がある。もちろん、ぼーっと城を歩いても叱られない。ときにはそうした時間も必要だ。さらに城歩きをすてきな歴史の体験にしたいなら、ぼーっとしてばかりではいられない。攻める気持ち、あるいは守る気持ちで城を歩くことがおすすめである。

攻守いずれの立場で城を歩いても、城の堀や土手・石垣、門や櫓《やぐら》などを観察し、それらの組み合わせで城が何に備えていたかを、脳内でシミュレーションしながら本丸を目指すことになる。攻め手の立場であれば、城の厳重な守りを突破していく方法を考えながら歩き、守り手の立場であれば、攻め手をどう撃退するかを考える。その際、漠然と敵を思い浮かべてもよいが、ときには苦手な人物を攻め手としてイメージしながら歩く方法もあると聞く。この方法は心身のリフレッシュに絶大な効能があるようだ。

攻防の視点を意識して城を歩くと、守りのくふうを発見できて、城の機能をよく理解できる。なぜここに堀があり、どうして石垣が張り出したのか、城のかたちの意味がわかってくる。このような「城との対話」は、城郭考古学の第一歩である。

安土（あづち）城の天主台石垣。この上空に明智光秀はどんな気を見たのだろうか＝筆者撮影

ただし、目に見えるもので城の守りが完結したと考えてはいけない。城は堀や石垣だけではなく、神や仏の力でも守った。城を築くには季節ごとによい方位、悪い方位があって、適切な方位を選ぶ必要があった。また秘伝の所作や祭文《さいもん》により城に軍神を勧請《かんじょう》（呼び寄せ）して祀《まつ》り、神が自分たちと一緒に戦ってくれ、守護してくれるようにと祈念した。そして城の土地を鎮めるために、梵字《ぼんじ》や呪文《じゅもん》、仏教で敵を駆逐すると信じられていた輪宝《りんぽう》を、素焼きの皿に墨で記して五穀などを盛り、銭や酒を添えて埋納した。青銅などでつくった本物の輪宝を埋納して、城の安寧《あんねい》を願うこともあった。そうした土地鎮めに関わった遺物が全国の城の発掘で見つかっている。

敵からどう守るか、領内の人びとに権力をどう見せるか、城は築城者のきわめて合理的な思考にもとづく部分と、人びとの心や信仰にもとづく部分があったのである。戦国期の記録によれば、敵の城にどれほど勢いがあるかは、城の上空に立ち上る「気」を見ればたちまちわかったという。その秘法を会得《えとく》すれば、社屋をひと目見てこの会社は大丈夫、あの会社はやめた方がよいと、就職の決断も完璧である。

城の個性

自分のよいところを自覚して活かすのは案外、難しい。

人はしばしば好きなこと、よいところを伸ばすのではなく嫌いなこと、弱点を克服しようと努力しがちである。不得意を克服して明日を生きるのはすばらしい。しかし、得意なことをとことん伸ばして生きるのもよいのではないか。

得意なことに磨きをかけて、さらにできるようになれば、まず毎日が楽しい。まわりの人の見る眼が変わって評価が伴えば、自信が芽生える。努力を重ねて突出した得意をもてば、おのずから道は開ける。

兵庫県朝来市《あさご》の竹田城は、お城ファンあこがれの城である。険しい山の上に連なる石垣

山上に折り重なる竹田城の石垣。文禄・慶長期の城の特徴を示す＝筆者撮影

が、まるでペルーのマチュピチュのようだと話題になり、「天空の城」と呼ばれるようになった。

しかし竹田城を訪ねるのは、それほど楽ではない。途中までバスやタクシーを使えるが、山城の遺構を守るため、最後は全員、山道を登らなくてはならない。登っても竹田城には天守も櫓も門も、建物は何ひとつない。あるのはただ石垣である。

「天空の城」を体感するため、竹田城を遠望する隣の山に登るのだが、これまたまったく楽ではない。雲海が出やすい秋冬に、寒さに耐えて日の出前に登らなければならない。そこまで頑張っても、雲が多すぎて城が見えないことも、雲海がまったく現れない朝もある。

それでも多くの人が、美しい一瞬を求めて隣の山に登る。

竹田城がこれほど人気になったのは、ほかの城と異なる竹田城のよいところをとことん伸ばしたからである。ふつうは天守や櫓がないなら、それを復元して弱点を克服しようと考える。それに対して竹田城は、残っている石垣を保護し、石垣をはっきり見せるため、周囲の木を徹底して切り、山の上の石垣を顕在化した。

こうして、それまでは木々に覆われて、ただの山にしか見えなかった竹田城は、どこから見ても山上に石垣がそびえる「天空の城」になった。

人も城も、ないこと、できないことを嘆くのではなく、自分のよいところを理解し、それを伸ばす努力が大切である。竹田城はそれを天空から語りかけている。

1章

城とは何か

——人類普遍の防御のかたちを訪ねて

世界の城を調査する（モンゴル ハルバルガス城）

1　城歩きを楽しくはじめるために――世界で共通する城のかたち

ミケーネとティリンスの城壁（ギリシャ、紀元前一五～前一三世紀）

「算木積み」「屏風折れ」、トロイ戦争でもすでにあった

私は中学生のときに日本の城に興味をもち、城の研究者になりたいと夢見た。その頃の関心の対象は日本の城であったので、海外の城についてはほとんど気にしていなかった。しかし国立歴史民俗博物館に勤めて、日常的に海外からの研究者と接し、副館長、館長を務められた考古学者の佐原《さはら》真《まこと》先生からご教導を得て、世界の城に関心を広げた。

城は地球上のあちらこちらに、そしてさまざまな時代の人びとが築いた。ひとつの国や地域の城だけを考えていても叱られないが、人類史上の城の普遍性に気づくことができない。そして城から歴史を考えるとき、その国や地域の枠にとらわれてしまう。世界の城に関心を広げれば世界の城を知るだけでなく、日本の城を世界の城から考えられる。これから城郭研究を志す学生のみなさんは、世界に関心をもって学校の語学にも励んでほしいと

思う。

そこで、読者のみなさんが城歩きをはじめられる前に世界の城、防御への考え方をさかのぼってみよう。意外にも、櫓《やぐら》、馬出《うまだ》し、空堀《からぼり》など日本の城の基本が世界にも見られるのである。私が訪ねたヨーロッパの城を中心に紹介しよう。

さて、城のはじまりを追って古代ギリシャ文明に旅しよう。世界遺産に登録されている「ミケーネとティリンスの古代遺跡群」を見てみたい。

防御都市遺跡ミケーネは、ギリシャのペロポネソス半島北部に位置し、ミケーネ文化(紀元前一五世紀から紀元前一三世紀)の中心であった。トロイ戦争の英雄アガメムノン王の首都と伝えられた。ドイツのハインリッヒ・シュリーマンが一八七六年に発掘し、城内の円形墓域から黄金のマスクを発見した。

紀元前一四世紀後半から巨石を積んだ城壁の工事をはじめ、紀元前一三世紀半ばにライオンのレリーフを掲げたライオン・ゲートが成立した。この門は張り出した城壁の奥にあって強い防御力を発揮した。そのうえ、出撃の際に兵士たちは門の左右の城壁上から効果的な援護射撃が受けられた。城壁の石垣は人工的にかたちを整えた石材を隙間《すきま》なく積み上げていて、まるで徳川大坂城の石垣のようである。

城壁で囲んだ中心部には王宮があった。岩を基礎にした王宮跡は、いまではかなり崩れているが、主要部は二階建てになっていたと想定されている。王宮跡からはアルゴリス平野を一望にすることができ、印象的である。

もう一方のティリンスも紀元前一五世紀から紀元前一三世紀に繁栄した防御都市遺跡である。ミケーネが高い山の上にあったのに対して、ティリンスはミケーネの南、小さな丘の上にあった。この遺跡もシュリーマンが一八八四年から八五年にかけて発掘した。

ティリンスは城壁で囲んだ上・下二つの城から成り、下の城には家屋が立ち並び、上の城は全域が王宮であった。シュリーマン以降も継続的に発掘調査がなされ、王宮の全貌が明らかになっている。現在は王宮の壁や柱の位置を半立体に表示する整備を行っており、現地では王宮めぐりを体験できる。

王宮は円形炉をもつ「メガロン」と呼ぶ玉座の間を中心に、二〇以上の部屋で構成されていた。極彩色のフレスコ画が見つかっており、王宮は壁画で美しく飾られていたとわかる。そして玉座の間からいくつかの部屋と廊下を隔てた西側には、床に一枚の巨大な敷石《しきいし》を設置した王の風呂場があり、ここを見学することができる。考古学の成果によって、誰でもギリシャの青銅器時代の王様のお風呂を体感できる時代になった。

上、城壁で挟んだ奥に開いた、ギリシャのミケーネのライオン・ゲート＝筆者撮影
下、算木積みで石垣の隅を積んだ、ギリシャのティリンスの城壁＝筆者撮影

ティリンスの城壁の石垣も日本の近世城郭と共通する。四角く加工した巨石を間詰《まづ》め石をうまく使いながら水平に積んだ。石垣の隅は石材の長辺と短辺を交互に重ねた「算木積《さんぎ》み」の技法を用いている。長く延びた石垣に連続して折れをつけたのも、まるで日本の城の「屏風《びょうぶ》折れ」とそっくりである。ただしティリンスの石垣の「屏風折れ」は、城壁の構造強化を主な目的にしていたと考えられている。

王宮への城内道は、城壁で挟んだ通路を門と広場を経由しつつ何度か直角に曲がって進む設計だった。この考え方は日本の戦国末期の城郭で現れた枡形《ますがた》と同じといってよい。枡形はヨーロッパ中世の城にも、アジア各地の城にも広く認められた普遍的な防御の仕組みだった。つまりその後、世界の城が採り入れた城道の屈曲と広場を組み合わせた高度な守りを、ティリンスは実現していた。そして日本の城もそうした人類史上の城の普遍性を備えた城のひとつであった。

このほか、ミケーネのそばには「アトレウスの宝庫」と呼ぶ紀元前一三世紀の地下墓がある。高さ一三メートル、直径一四メートルを超える円形の石室があり、その中に入ってミケーネ時代の王墓を体感できる。

ホイネブルク遺跡（ドイツ、紀元前七〜前五世紀）

ヘレニズム文化とともにケルトへ伝播する「櫓門」

ドイツのバーデン＝ビュルテンベルク州にあるホイネブルクは、紀元前七世紀から紀元前五世紀にかけて栄えたケルト時代の防御都市跡である。遺跡は一部立体復元され、遺跡近くの町に発掘成果を示したケルト博物館を設置している。また都市遺跡の周囲には日本の古墳によく似た王墓群がある。

ホイネブルクはドナウ川に面した崖の上にあり、中心部を日干しレンガの強固な城壁で防衛する構造となっていた。城壁上には屋根があり、まるで多聞櫓《たもんやぐら》のように構築されていた。さらに城壁からは櫓が等間隔に連続して張り出して、防御力を強化した。

ケルト時代の城としてホイネブルクの守りはきわめて先進的だったが、防御のくふうはアルプスの山々を越えた南のギリシャからもたらされた。発掘で見つかった出土品にはギリシャの黒絵式陶器《くろえしきとうき》があり、いち早く城を発達させた地中海地域とホイネブルクの人びとの間に活発な交流があったと判明する。

遠隔地ギリシャからもたらされた陶器は貴重だった。しかも近年の研究によれば地中海産のワインが多くもたらされていたという。陶器の中身はワインだったのだろうか。先進

ドイツのホイネブルクで立体復元した城壁上の「多聞櫓」＝筆者撮影

的な城づくりの技術がワインと一緒に伝えられたと想像すると、楽しい。

ドナウ川に面した急坂を登った先にホイネブルクの出入り口がある。出入り口は城壁がオーバーラップした、いわば「くい違い出入り口」の構造である。出入り口の上も城壁上の多聞櫓がつづいたので、日本風にいえば櫓門だった。城壁が互い違いになった「くい違い出入り口」の形態は、日本の戦国の城でいえば織田信長が一五六七（永禄一〇）年から築いた岐阜城山麓館の出入り口と同じであった。

つまり信長の城の守りのくふうは、ケルトの人びとも用いた人類史上の普遍的な城のくふうだったと再評価できる。ただし日本の戦国の城の出入り口は、単純なものからくい違い出入り口へ、そして道の屈曲と広場を組み合わせた枡形へと発展の段階を追えるので、ホイネブルクのように伝播《でんぱ》ではなく、自力で生み出した点に特色がある。

それにしてもドイツの紀元前の城の中心に立って信長の城を想《おも》うのは、国や地域の枠組みを超えて、城から歴史を考える城郭考古学の醍醐味《だいごみ》ではないか。


メイドゥン・カッスル（イギリス、前四〇〇年代）

複雑な出入り口「馬出し」で防御するケルトの城

ガイウス・ユリウス・カエサル（英語ではジュリアス・シーザー）が記した『ガリア戦記』は、紀元前五八年から紀元前五一年にかけてローマ軍がガリア（現在のフランス・ベルギー・ドイツなど）へ遠征した記録である。カエサルは遠征中の紀元前五五年と同五四年にドーバー海峡を越えてイギリスのブリテン島を攻め、イギリスのケルトの人びとを服属させた。

そして第四代ローマ皇帝クラウディウスはイギリスのケルト部族間の対立を捉え、紀元後四三年に四万の軍勢でブリテン島を攻めた。皇帝自身も出陣して、ブリテン島南東部をローマ属州ブリタンニアにした。紀元後七〇年代にはケルトの人びとを従えてスコットラ

イギリスのメイドゥン・カッスルの三重の城壁。ケルト時代の防御都市を代表する遺跡＝筆者撮影

ンドを除く一帯に属州は広がった。

イギリスのドーセット州にあるメイドゥン・カッスルは、イギリスのケルト人が築いた防御都市のひとつだった。紀元前六〇〇年頃の初期鉄器時代に最初の防御集落がつくられて紀元前四五〇年頃には最盛期を迎えたが、紀元後一世紀には廃絶した。防御都市跡は麓《ふもと》からの高さ六四メートルの丘上にあり、東西およそ一キロ、南北五〇〇メートルの規模をもった。

メイドゥン・カッスルはその巨大な範囲を、幅二五メートルを超えた二重あるいは三重の堀で囲み、堀の内側には高い城壁を組み合わせた。こうした防御施設は日本の戦国期の城と比較しても遜色ない。さらに東西二カ所にあった出入り口は、堀の先にあった特別な広場を経由して九〇度曲がって出入りするようになっていた。日本の戦国期に武田氏や北条氏が用い、その後、豊臣秀吉や徳川家康も採り入れた「馬出し」と同じだった。

日本の城において馬出しは、外枡形《そとますがた》と並び、最も高度な出入り口と位置づけられるが、日本の戦国期から近世にかけての城の出入り口の発達は、紀元前四〇〇年代のイギリスのケルトの人びとがたどりついた城の出入り口のくふうと合致して、人類史上の最適解に到達していた。日本の城は世界史上の城として普遍性をもったのである。

なお一九三〇年代以来、メイドゥン・カッスルはローマ軍の攻撃で落城したとされてきた。しかし近年の研究では、ローマ軍の攻撃前に都市としては廃絶しており、直接の戦いはなかったと考えられている。

ザールブルク城（ドイツ、ローマ帝国時代）

城壁と空堀、城内に町屋も並ぶ——帝国の長城・リーメスライン

ドイツのフランクフルトは証券取引所やヨーロッパ中央銀行が置かれ、高層ビルが立ち

立体復元したドイツのザールブルク城の櫓門と二重堀＝筆者撮影

並ぶ国際金融都市である。この街の歴史は古く、旧市街の中心には発掘されたローマ時代の遺跡がある。そしてローマ時代にはフランクフルト北側の丘陵はローマ帝国の国境とされ、国境を守った城のひとつがザールブルク城だった。

ローマは紀元後二世紀初頭から三世紀にかけてドナウ川からライン川にかけた五五〇キロもの長城・リーメスラインを築いた。ゲルマンの人びとが国境を越えてローマに入るのを長城が防いでいた。リーメスラインは何度か改修され、最終的には石造の監視塔と土塁・堀を組み合わせた強固な防御施設になった。この長城に沿って六一カ所もの城が並び、前線の監視塔が敵の進攻を発見すると、城からローマ軍が駆けつけて撃退した。

ザールブルクは長城を守った城のひとつで、一三五年頃から本格的に築造工事を開始した。南北二二〇メートル、東西一五〇メートルの範囲を二重の空堀《からぼり》で囲み、石造の城壁をめぐらした。出入り口は四辺にあり、いずれも石造の櫓門を備えた。城内には司令部、倉庫、兵舎などを整然と配置し、城に接して大浴場や教会があった。城への大手道には商人や職人が暮らした町屋が並んだ。

一八五〇年からザールブルクの発掘がはじまり、一八九七年にはドイツ皇帝ヴィルヘルム二世が原位置に原寸大で城壁などを立体復元するよう命じた。これは画期的な遺跡整備だった。そして二〇〇五年には世界遺産「ローマ帝国の国境線」の構成資産になった。

ザールブルクに接したリーメスラインも長城として部分的に復元している。リーメスラインは、最も外側から柵・堀・土塁・監視塔の組み合わせでできていたと長らく考えられてきた。しかし近年になって柵と、堀・土塁はつくられた時期が異なり、柵だけの状態から、堀と土塁を組み合わせた構造に変化したと判明した。そこでドイツは過去の復元が間違っていたのを認めて、説明を修正している。

間違いがわかればそれを正すのは当たり前だと誰もが思うだろう。しかし日本の国史跡の整備では、文化庁が許可した整備の学術的間違いが後になって判明しても、それを文化庁が認めることはほとんどなく、間違ったまま放置しているものが多い。これは本当に恥ずかしいと思う。

2 中世に発達する城

マルクスブルク城（ドイツ、一三世紀）

ラインの古城と姫路城の共通点

中部ヨーロッパ、スイスのアルプスに源を発し、リヒテンシュタイン、オーストリア、ドイツ、オランダを経て北海に注ぐライン川は、古来、海と陸とを結ぶ水運の要として大きな役割を担った。ライン川に沿っていくつもの湊町《みなと》があり、中世には多くの城があった。二〇〇二年に世界遺産に登録された「ライン渓谷中流上部」の地域は、川の両岸に中世の面影を伝える城と町が集中し、人と自然が生み出したすばらしい文化的景観を楽しめる。

そうした城のひとつが、ドイツのラインラント＝プファルツ州のブラウバッハにあるマル

マルクスブルク城の「旗手の階段」。多聞櫓の床下で道は大きく左へ屈曲した＝筆者撮影

通路に覆いかぶさる姫路城にの門＝筆者撮影

城の中央に13世紀創建の主塔がそびえるマルクスブルク城＝筆者撮影

クスブルク城である。

マルクスブルク城は一三世紀から一五世紀にかけて築いた城の姿を最もよく留《とど》めている。この時期の城が残っていて中世の城の全体像を体感できるのは、城郭考古学者として本当にうらやましい。

同時期の日本にも、もちろん数多くの城があった。一三世紀には武士の館が各地にあり、一四世紀には楠木正成《くすのきまさしげ》の千早《ちはや》城・赤坂《あかさか》城のように臨時の山城が出現。またこの頃の沖縄では日本列島で一番早く土の城から石垣の城への進化を遂げた。本州などでは一五世紀には館と組み合わせて常設の山城を築いた。北海道を中心としたアイヌの人びとは、まだ多くの城を築いていなかった。しかし日本では中世の城が完全に残るものはなく、中世の城郭建築もひとつもない。

高さ一七〇メートルほどの山の上にあるマルクスブルク城の最初の城門は、もともと前面の堀に跳《は》ね橋をかけていた。城壁で守ったヨーロッパの城も、堀は効果的な防御施設だった。その奥の「きつね門」を越えた先には櫓門「矢狭間門《やざまもん》」があり、門扉の真上に張り出した石落としを備えた。こうした守りのくふうは日本の城の櫓門と共通している。

門の先には岩盤を削った「旗手の階段」がある。この階段は砲座《ほうざ》を備えた多聞櫓《たもんやぐら》の床下で一八〇度ターンし、その奥の「鉄門」と連携して攻め手から城を守った。この守り方で思い出すのは、姫路城の「にの門」である。この門は城道の上に立てた櫓門の床下で城道を屈曲させて防衛した。どの本にも書いていないが、マルクスブルク城と姫路城は時と空間を超えて同じ守りのくふうにたどりついていた。

城の中心には一三世紀に創建し一五世紀に改修した主塔がそびえ、周囲には宮殿やチャペルが立ち並ぶ。マルクスブルク城を見学すれば気分は完全にヨーロッパの騎士である。

モン・サン＝ミシェル（フランス）

欧州修道院と日本の城郭寺院、参詣と防御の景色

日本の中世には武士だけでなく、各地の宗教勢力が巨大な城を築いた。京都府の山科本《やましなほん》

願寺《がんじ》は巨大な堀と土塁で寺と町を守り、滋賀県と京都府にまたがる比叡山延暦寺《ひえいざんえんりゃくじ》は織田信長と戦った。白山平泉寺《はくさんへいせんじ》（福井県勝山市）は信長に追い詰められた朝倉義景《あさくらよしかげ》が最後に頼ろうとした城郭寺院であった。

誰もが知る寺院も防御施設を厳重にめぐらした。「清水《きよみず》の舞台」で有名な京都府の清水寺は、戦国期には参道に何重もの堀を備え、矢を射るための小さな穴「狭間《さま》」を開けた塀と木戸で寺と周辺を守った。いまも人びとが行き交う参道は、戦国期には防御の空間でもあった。

ヨーロッパでもキリスト教の教会や修道院はときに城だった。日本でもヨーロッパでも宗教勢力は権威と強大な力をもった領主で、攻撃の対象になったからである。そしてフランスのマンシュ県にあるモン・サン＝ミシェルは、ヨーロッパを代表する城郭化した修道院で「モン・サン＝ミシェルとその湾」として世界遺産に登録されている。

モン・サン＝ミシェルの創建は八世紀にさかのぼる。大天使ミシェル（ミカエル）のお告げによって、海に浮かぶ岩の島に礼拝堂が立った。周囲のサン・マロ湾は干満の差が激しく、引き潮のときだけ陸地とつながった。こうした立地は聖地としても城としても適していた。

上、モン・サン＝ミシェルの全景。山麓の町は厳重な城壁と塔で守っている＝筆者撮影
下、枡形になっているモン・サン＝ミシェルの城門＝筆者撮影

一〇世紀に修道院を建設し、巡礼地として信仰を集めると一一世紀以降に修道院や付属教会の増築が進んだ。増築は一六世紀までつづき、モン・サン＝ミシェルを訪ねると各時代の建築が融合してできた姿を見学できる。そして一四世紀から一五世紀にフランスとイギリスが争った百年戦争でモン・サン＝ミシェルはフランス防衛の拠点となり、一五世紀には修道院の麓の町ごと守る城壁や塔を整備した。一六世紀の宗教戦争ではカトリックの拠点としてプロテスタントの攻撃に備え、城門や跳ね橋を強化した。こうして島全体の城郭化が完成した。

完全防御のモン・サン＝ミシェルは、人と自然がつくり出した奇跡の景色だと思う。聖地としての特別な立地が、モン・サン＝ミシェルが城になった理由とすれば、お告げをした大天使ミシェルは、そこまで見通していたのだろうか。

カルカソンヌ（フランス）

張り出し回廊の「石落とし」が示す、住民参加の防衛態勢

フランス南西部のオード県にある世界遺産「歴史的城塞都市カルカソンヌ」。カルカソンヌの旧市街シテは、要所に張り出した塔を備えた二重の城壁をめぐらし、その中心に伯

爵の城（コンタル城）と呼ぶ城があった。わが国の城と対比すれば、外側の旧市街全体を囲んだ城壁が、日本で堀と土塁で城下を囲んだ惣構《そうがま》えに相当し、中心のコンタル城は日本の領主の城に相当した。

ヨーロッパの城は城下を守ったのに対して、日本の城は城下を守らなかったと説明する人がいるが、それは間違いである。日本でも戦国期から江戸時代にかけて多くの城が城下を守った防御施設・惣構えをもっていた。緊急時に地域住民より自分の安全を優先する領主には、いまも昔も誰もついていかない。

そしてヨーロッパでも日本でも、都市城壁、惣構えの防衛は騎士や武士だけでなく、地域住民も主体的に参加するものだった。地域住民は守ってもらうだけの弱い存在とイメージするのも、また間違いである。

カルカソンヌは一九世紀の建築家ヴィオレ・ル・デュクにより大規模な文化財修復がなされ、当時の研究者が思い描いた理想的な中世の城郭都市がよみがえった。現在も旧市街を囲む四〇以上の塔を備えた二重城壁や、ナルボンヌ門をはじめとした厳重な城門がそびえて、まるで絵本で読んだヨーロッパの城そのものである。

旧市街の大手門、ナルボンヌ門は、見る者を圧倒する壮大さである。堀を跳ね橋で渡り、城壁で挟んだ帯曲輪《おびぐるわ》の先に高さ二五メートルを超える巨大な門塔がそびえた。楕円形に張り出した二つの塔の間に、旧市街への出入り口があった。塔には矢を射るためのスリット「狭間《さま》」があり、門や塔の上部からの高さを利用した射撃と合わせて効果的に守った。

攻め手が投石機（カタパルト）などを使ったとしても、この城門を破壊して突破するのは不可能としか思えない。復元の細部に問題があるにしても、この迫力とスケール感を体感できるのは特別である。

都市城壁内には細い街路がつづく。ゆるやかな坂道になった街路の両脇には店が並んでにぎやかである。しばらく進むと一一三〇年頃の姿を留めたカルカソンヌの主城、コンタル城に行き着く。コンタル城は外城と内城によってできていた。外城は内城正面の堀の外側にあって、内城前の広場を半円形に大きく張り出した城壁が囲んだ。一見、ただの空き地だが、日本の城にもあった反撃力に富む出入り口、馬出しに似た施設だった。

半円形の外城を経て堀に架かる石橋を進むと、コンタル城の内城壁が正面に迫る。石橋の先の内城出入り口は二つの塔の間を通るようにしていて防御は厳重である。さらに内城壁の要所には高い塔があって敵に備えていた。そして、一部の内城の塔と城壁の最上部には木製の張り出し回廊を復元してもいる。ヨーロッパ中世の石の城壁には木でつくった部

圧倒的な高さのナルボンヌ門。鉄壁の防御を体感できる＝筆者撮影

上、カルカソンヌ・コンタル城の木製張り出し回廊付きの復元城壁＝筆者撮影
下、木製張り出し回廊を下から見る＝筆者撮影

分もあったが、そうした部分まで復元している例は珍しい。

ヨーロッパの城を訪ねても、張り出し回廊には気がつかないことが多い。なぜならほとんどの城は木製の施設を失っているからである。だから、コンタル城で張り出し回廊まで再現しているのはうれしい。この張り出し回廊の外側の板壁には弓矢を射る窓や小さな穴（狭間）を備えて、城兵の強力な防衛拠点になった。弓矢を射るだけなら張り出し回廊でなくてもよかったが、城壁から張り出したのを利用して床下にスリットを開け、城壁直下の死角を守る石落としとしても回廊は機能した。壁から張り出した石落としは日本の城の天守や櫓でも広く用いた。日本とヨーロッパの人は、同じ守りのくふうを発見していたのである。

サルス城（フランス）

上へ伸びる日本の天守と厚みを増す欧州要塞

南フランスのピレネー＝オリアンタル県にあるサルス城は、一四九七年にスペイン王フエルナンド二世がスペインとフランス国境の街道を押さえるために創築した。この築城には当時のスペイン王室予算の五分の一をつぎ込んだという、堅固な要塞《ようさい》だった。もちろんフランス側も要塞の工事をただ見ていただけではなかった。サルス城完成前の一五〇三年にフランス軍は攻撃して工事を阻止しようとしたが、撃退された。

くだって一六三九年、スペインの国境を守ったサルス城をフランス軍が再び猛攻し、ついに要塞の奪取に成功した。しかし翌一六四〇年にはスペイン軍が反撃して要塞を奪還。その後、スペイン王室に対するカタルーニャ地方の反乱が起きると、一六四二年にフランス軍がサルス城を落として手中に収めた。一六五九年にピレネー条約が成立すると、スペイン・フランス国境はピレネー山脈まで移動したので、サルス城の重要性は失われたが、一七〇〇年頃、フランスの稜堡《りょうほ》式城郭（外に突き出した角の部分をもつ城壁や要塞）を完成させた築城家ヴォーバンが、限定的に改修した。

このようにサルス城は一六世紀から一七世紀にかけてスペインとフランスが激戦を繰り広げた要塞だった。この時期の日本では、織田信長・豊臣秀吉・徳川家康の城を手本に、高く天守がそびえた近世城郭が日本列島に成立していた。サルス城にも中央塔はあったが、それほど高くなく、城壁も高いというより低く厚くなっていた。こうした変化は大砲に備えるために起きたものだった。

サルス城の要塞は全体として四角い形態になっていて、四隅に半円形に張り出した稜堡

上、低く厚く構えたサルス城の城壁。中央に見えるのが塔＝筆者撮影
下、サルス城大手の馬出し＝筆者撮影

を備えた。また北西と東、城外に分離した稜堡を築き、南に防御した通路でつないで敵が城壁に接近するのを効果的に防いだ。四角い城壁に沿った内側に兵舎を、中央に広場を配置して、およそ一五〇〇人の兵士がこの要塞を守備した。

サルス城の構造は、まさに中世以来の城から要塞へと変化していく過程を示しており、たいへん興味深い。半円形に張り出した稜堡は中世の城によく見られた塔の進化形であったし、それほど高くそびえない中央塔は、まさに中世の城の主塔の名残そのものだった。ヨーロッパの城がその後、要塞と宮殿に分化していく道筋を、サルス城は示した。そして日本の近世城郭が軍事、政治、生活を合わせもつ姿で止まったことの意味を考える大きな手がかりである。

3 城の近代化

ヌフ=ブリザック（フランス）

築城家の防衛思想――ヴォーバンの要塞

フランスの北東部、オー＝ラン県にあるヌフ＝ブリザックは、稜堡式の城壁で守りを固めた要塞都市である。ここは二〇〇八年に世界遺産に登録された「ヴォーバンの防衛施設群」の構成資産のひとつになっている。前項でも見たヴォーバンはルイ一四世に仕えて、フランスの稜堡式要塞を大成した築城技術者だった。ヌフ＝ブリザックはライン川東岸のブライザッハ（ブリザック）をフランスが失ったことを受けて、ヴォーバンがライン川から西へ三キロほどの地点に新たに設計し、一六九九年から一七〇三年にかけての工事で完成した。

ヴォーバンの要塞設計は、一七世紀後半から一八世紀初頭におけるヨーロッパの近代要塞の頂点であり、その後、世界各地のさまざまな国と地域の要塞設計に大きな影響を与えた。ヴォーバンは実戦経験を踏まえて要塞設計の改善に生涯努めた。そして最終的には城壁と堀、突出した稜堡を多重に配置して、防御空間を徹底的に強化した。ヌフ＝ブリザックはヴォーバンがたどりついた理想の要塞だった。

三〇〇年前、ライン川を挟んでフランス防衛の最前線だったヌフ＝ブリザックは、いまはのどかな町である。城壁内の町は碁盤《ごばん》の目状の道路で区切り、中央には広場がある。当

屈曲して防御力を強化したヌフ＝ブリザックの城壁＝筆者撮影

時、要塞を守る兵士の宿舎は城壁沿いにあり、総督や士官の家は町の中に分散して配置した。
当時の姿を留める城門のひとつが要塞都市の博物館となっていて、要塞の歴史と構造を詳しく知ることができる。現地を訪ねたら、この博物館で学んでから稜堡式の城壁を実際に見て回りたい。八角形を基本に二重に堀と城壁、稜堡がめぐる防御施設は、どこから敵が迫っても複数の城壁から反撃できるように、角度や長さを緻密に計算して配置していた。堀底を歩くとすぐに、あらゆる方向の城壁から撃たれて身を隠す場所がないことを実感できる。防御施設を二重にしたのも、どこか城壁の一部を奪われても反撃して戦いつづけるためだった。
地元の人によれば、ライン川を挟んだフランスとドイツでビールやガソリンに値段の違いがあるため、EUになったいまでは、気軽に国境を越えて買い物に出かけているとのことだった。戦いの歴史があっても和解して進んでいける人の英知を、究極の要塞を訪ねて学んだ。

ヴュルツブルク宮殿（ドイツ）

弓矢、大砲、空襲――攻撃の変化に呼応した町

ドイツ中部、バイエルン州北西部にある都市ヴュルツブルクは、八世紀からキリスト教の司教座が置かれ、一二世紀には司教が領主となり町を治めていた。司教領主は町を見下ろす山上のマリエンベルク城に暮らした。この城も一八世紀までに稜堡式の城壁をもつ要塞宮殿になり、またヴュルツブルクの町も稜堡式の城壁を備えた要塞都市となった。

一八世紀はじめの司教領主シェーンボルンは、山の上の要塞に住むのをやめて、町中に宮殿を建設して暮らしはじめた。これを契機に宮殿の建設がつづき、一七四四年には主要な建物が建てられ、一七七〇年代には内装や庭園が完成した。一九世紀はじめに司教領時代は終わり、曲折を経てこの町はバイエルンの一部になった。第二次世界大戦の空襲でヴュルツブルク宮殿も大きな被害を受けたが、文化財修復によって往時の姿を取り戻した。

宮殿は一九八一年に「ヴュルツブルク司教館、その庭園群と広場」として世界遺産に登録された。

ヴュルツブルク宮殿は旧市街の東端にあり、大きな広場に面して建つ。堀も土手も石垣もなく、美しい窓が並ぶ宮殿建物がそびえる。西に面した宮殿正面には三方を建物で囲んだ特別な広場「名誉の中庭」があり、この中庭を抜けた先に宮殿の正式な出入り口があった。もともとは「名誉の中庭」前に華麗な格子塀《こうしべい》とアーチ門を備えて宮殿正面を飾り、権威を高めていた。

大砲が戦いの主力兵器になって、ヨーロッパでは城が備えた軍事・政治・生活の三機能のうち、軍事は要塞に、政治と居住は宮殿にとそれぞれ分かれて発達した変遷をこの宮殿はよく示している。日本では一六一四年の大坂冬の陣で大砲を用いたので、もう少し戦国の戦いがつづいていたら日本の城もヨーロッパと同じような発達をたどったに違いない。

宮殿内の大空間は建築とフレスコ画と漆喰《しっくい》装飾、彫刻が一体となった壮麗な世界である。特に「白の広間」「皇帝の広間」へとつづく階段室「踊り場」は有名で、半球の天井一面に広がるフレスコ画と大理石の輝く階段に圧倒される。また宮殿の東と南側には幾何学的に木々と池を配置した庭園が広がる。この庭園の端は奇妙な三角形であるが、これは町を

上、山上にあるヴュルツブルク・マリエンベルク要塞＝筆者撮影
下、稜堡を改造した庭園の高台から見たヴュルツブルク宮殿＝筆者撮影

守るために設営した稜堡を庭に改造したためであった。

4　日本の城づくりの足取り

首里城

海から最新情報を得て、列島で最も早い石垣

沖縄県那覇市の首里城は、琉球《りゅうきゅう》を統一した尚《しょう》氏の主城として、一六世紀までに基本的なかたちが成立した。沖縄・南西諸島は独自の城郭様式「グスク」を生み出したが、首里城はその頂点に立った最大の城である。グスクは一四世紀頃まで土づくりであったが、その後、東アジアの城郭のスタイルを採り入れて、高い石垣の城壁がめぐるかたちへ進化した。しかしグスクは東アジアの城の単なる受け売りではなかった。

東アジアの大陸側の山城は、尾根線に沿って延び、谷をまたいで延びる高い城壁をめぐらした。そして城壁で囲んだ中には多くの自然地形を残した。だから曲輪《くるわ》と呼ぶ平場と防御施設であった城壁は常に一体ではなく、しばしば分離した。

それに対して、グスクは地形に合わせて高い城壁をめぐらした点は東アジアの城と共通したが、城壁と内部の曲輪は基本的にセットにした。これは九州以東の大和風の城とグスクの共通点であった。つまり、グスクは東アジアと大和の城の長所を融合した構造をもち、北海道などのアイヌの人びとが築いたチャシとともに、日本の城の多様性を物語る、かけがえのない城なのである。

しかもグスクは、大和スタイルの城よりも圧倒的に早い、一四世紀頃から石垣を用い、一五世紀以降には枡形《ますがた》と呼ぶ複雑な出入り口を備えていた。首里城は正殿に到着するまでにいくつもの枡形を重ねて防御性と象徴性を高めた。この構造は一七世紀に成立した江戸城に匹敵して、日本列島の城の中でグスクの先進性が光る。首里城は海を通じて世界と結び、最新情報をつかんで豊かな文化を生み出した琉球の象徴といえよう。

二〇一九年一〇月三一日早朝、首里城の正殿《せいでん》、南殿《なんでん》、北殿《ほくでん》、黄金御殿《くがにうどぅん》など、主要な殿舎が焼失した。被害状況はきわめて深刻で、言葉もなかった。悲しく、心は沈むばかりである。首里城の火災は、木造で文化財建物を復元することがメリットだけではないことも明らかにしたと思う。史実にもとづいて安心安全な城跡の整備を実現するために、改めて英

上、首里城正殿と御庭（うなー）＝筆者撮影
下、首里城正殿大棟の龍の鴟吻（しふん）＝筆者撮影

知を集めるときである。

上窪田環濠集落と中家住宅

水堀をめぐらし一族で守った中世館城

過去は毎日少しずつ遠くなっていく。気がつけば青春の日々もはるか昔。いつも訪ねている戦国期や江戸時代の城も何百年も前のもの。現地に城の跡は確かに残っているが、当時そのままは見られない。とりわけ中世の城は、堀や土塁などの土木施設の痕跡はあっても、建物は埋まっているか失われている。その状況で過去を考えるのが城郭考古学の醍醐味とはいえ、すべてが残っているに越したことはない。

織田信長の安土《あづち》城がそのまま残っていたら、どれほどすばらしいだろう。以前、NHK大河ドラマ「真田丸《さなだまる》」で、真田丸城郭考証を務めさせていただいた。そして、できあがった真田丸のオープンセットを見たときには本当に感動した。思い描いていた真田丸がそこにあったからだ。今晩ここに泊まりたいと申し出たが、即座に却下された。いまでも残念で仕方がない。

当時の姿を留める中世の館や城はどこにもない、と思っていた。しかし奈良に、そのま

中世の館城を伝える中家住宅＝筆者撮影

まつづく館城《やかたじろ》があった。それが奈良県安堵《あんど》町の上窪田《かみくぼた》環濠《かんごう》集落と中家《なかけ》住宅である。中家の先祖である窪田氏は、南北朝時代以来この地を治め、戦国期には筒井《つつい》氏の一族として戦った。江戸時代には庄屋を務め、近代以降も変わらず館城を守った。主屋のほか主要な建物は大和の民家建築の代表として国の重要文化財に指定されている。

現地を訪ねると、中家は堂々たる館城で、中心に水堀をめぐらす二つの館が並び立つ。中家と一族の石田家の館で、中家と石田家の館はそれぞれおよそ一辺六〇メートル×八〇メートルの大きさで、中世の館城としては大きな規模だった。奈良に残る中世の館城跡では、一族が分立して四角い館が二つ並んだものがいくつもある。そして二つの館城の外には、さらに水堀があった。現在は館城の周囲にしか水堀は残らないが、復元してみると集落全体を守った環濠を構成していたとわかる。上窪田集落は館城を中心とした小城下町になっていたのである。

上窪田環濠集落と中家住宅は、二一世紀に中世の館城を体感できる奇跡の城である。館城を知りたいなら見学をおすすめしたい（主屋などの見学は事前予約必要）。それにしても館城を維持して守りつづけておられる中家のみなさまのご苦労は、たいへんに違いない。

躑躅ヶ崎館

源氏嫡流の館、対面と居住の空間を分けた

武田信玄《たけだしんげん》はわが国の武将の中でも屈指の人気を誇り、戦国きっての名将として、また生涯のライバル上杉謙信《うえすぎけんしん》との川中島《かわなかじま》での激闘もよく知られている。さらに天下統一を進めた織田信長や徳川家康の前に立ちふさがり、三方ヶ原《みかたがはら》の戦いでは家康を完膚なきまでに打ちのめした。その強さは信玄が生きているうちに伝説の域に達した。

その信玄が本拠としたのが躑躅ヶ崎館《つつじがさきやかた》だった。この館は一五一九（永正一六）年に信玄の父、信虎《のぶとら》によって創築され、その後、信玄、武田勝頼《かつより》と武田氏三代六三年間の居城にな

躑躅ヶ崎館の本丸は武田神社になっているが、周囲の曲輪には枡形（ますがた）など武田氏時代の遺構がよく残る＝筆者撮影

った。館の周囲には穴山氏や馬場氏をはじめとする親類衆を筆頭に家臣の屋敷が立ち並び、さまざまな職人を城下に集めた。

躑躅ヶ崎館の本丸は曲輪内の一辺がおよそ一〇〇メートル、外側の堀と土塁を加えれば一辺一五〇メートルほどの規模で、守護大名の本拠としてふさわしい規模をもった。本丸の周囲には西曲輪や梅翁《ばいおう》曲輪、味噌《みそ》曲輪などいくつかの堀と土塁をめぐらした館が取り巻き、最終的には館から平城へと発展した。

本丸内には当主の御殿があり、史料によれば対面空間の「主殿《しゅでん》」、信玄の日常生活空間の「常《つね》ノ間《ま》」があり、そのほか館の中には「御曹司様ノ西ノ御坐」「御台所」「御能楽屋」「毘沙門堂」「御看経所」「御弓の番処」

「御旗屋」などがあった（『高白斎記《こうはくさいき》』『甲陽軍鑑《こうようぐんかん》』による）。まさに室町時代以来の武家儀礼に則《のっと》った理想の館であった。

こうした躑躅ヶ崎館の姿は、領国の境には屈強な軍事要塞を築いた信玄が、本拠にはわざわざ山城ではなく館を選択して、甲斐《かい》源氏としての正統性、そして守護としてのステータスを印象づけようとしたのをみごとに示している。信玄にとって源氏嫡流《ちゃくりゅう》の誇りと、守護を中心とした秩序観がいかに大切だったかが、館のかたちから見えてくる。それは城のかたちを次々と変えて新たな権威の姿を生み出した信長の選択と、決定的に異なった。

桑折西山城

畿内と同時に誕生した東北の戦国期拠点城郭

福島県桑折《こおり》町にある国史跡桑折西山《にしやま》城跡は、東北に戦国後期の幕開けを告げた重要な城だった。桑折西山城を築いたのは伊達《だて》氏一四代の稙宗《たねむね》。伊達氏はそれまで平地の館を拠点にしてきたが、陸奥国守護になった稙宗が、一五三〇年代に本拠としての山城をはじめて選んだ。

桑折西山城は本丸、二の丸、中館《なかだて》、西館《にしだて》と呼ぶ、並立的に結んだ曲輪群から成っていた。

まるで平地にあった館群をそのまま山の上にもちあげたようで、館から山城へ、大名の本拠の移転プロセスを鮮やかに示している。桑折町が精力的に城跡の整備を進めていて、本丸に立つと桑折町の市街地はもちろん、伊達郡一帯を眺められる。桑折町は桃やりんごなど果物の名産地で、果樹園が広がる景色はとても美しい。そして城の麓にはＪＲ東北線や東北新幹線が通っていて、この地が交通の要衝であったのも実感できる。

さて稙宗が本拠として山城を選択した一五三〇年代の畿内の城はどうなっていたのだろう。当時、畿内を席巻した三好長慶《みよしながよし》は芥川《あくたがわ》山城（大阪府高槻市）を本拠とし、近江の六角《ろっかく》氏はやはり山城の観音寺《かんのんじ》城（滋賀県近江八幡市）を本拠にした。このように畿内の戦国大名は、それまでの館から山城に本拠を移転して、山城に軍事・政治・生活の三機能を統合した「戦国期拠点城郭」を出現させていた。

つまり稙宗の桑折西山築城は、畿内と同時期に「戦国期拠点城郭」を実現した選択であり、広く情報が共有され、列島規模で戦国後期への転換が起きたことが見えてくる。そして、稙宗は桑折西山城で独自の法律『塵芥集《じんかいしゅう》』を制定し、徴税基準を定めて戦国大名として伊達氏が飛躍する基礎をつくった。本拠の山城化は伊達氏の政治的変化と一体の関係にあった。

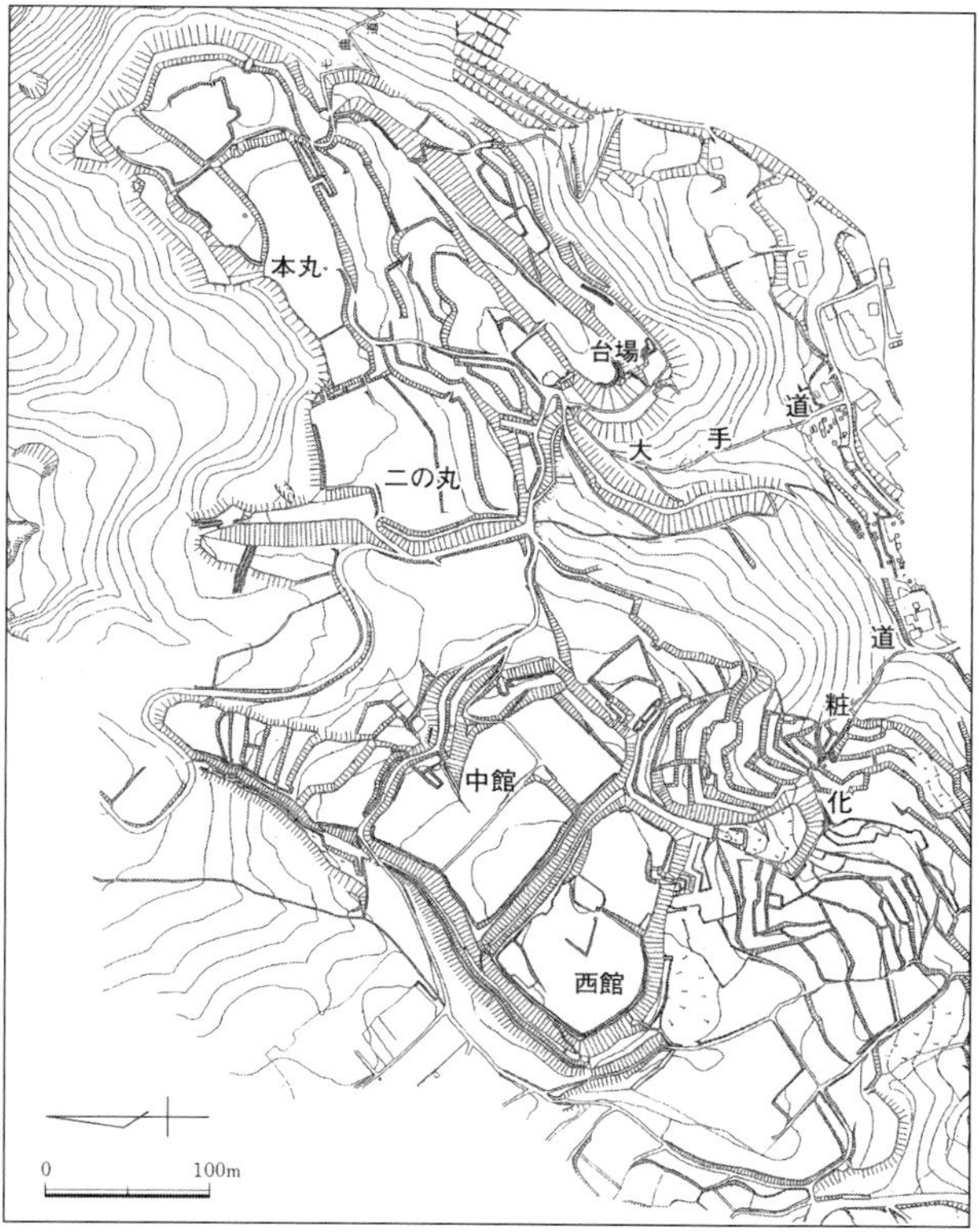

桑折西山城＝『史跡桑折西山城跡発掘調査総括報告書 平成27年度』桑折町埋蔵文化財調査報告書29より

桑折西山城が示した伊達氏の戦国大名化は、新しい時代を見据えた稙宗の政治改革だった。その方向性は確かだったが、急激な改革は武士たちの反発を招き、ついには息子晴宗《はるむね》までが父に反旗をひるがえして争う「天文《てんぶん》の乱」を招いた。地域の武士たちが連携・連合して地域を治めるのか、一人のリーダー・伊達氏をトップにして地域を治めるのか。いまにもつながる難しい選択ではないか。四〇〇年前の判定でいうと、地域の武士は稙宗の政治改革にNOを突きつけた。これで改革は挫折したように見えたが、稙宗の目指したものは曽孫（ひまご）の政宗《まさむね》が実現して、あの仙台城ができた。

「城掟」に見る番衆の日常

戦国期において、最前線の城は戦いに不断に備えた。敵対した大名が激突した紛争地域「境目」は緊張の高い危険地帯。そのため、境目の城の多くは堀や土塁を複雑にめぐらして防御を固めた。技巧的な城は見どころが多く、城ファンの人気も高い。しかし、そうした城の背景に紛争に巻き込まれた人びとがいたのを忘れないようにしたいと思う。

最前線の城の多くは、武士や足軽たちのチーム「番衆《ばんしゅ》」が交代で守備した。そして番衆がどのように城を守ったかを、「城掟《しろおきて》」などの古文書から読み解いてみたい。城門は日の

佐賀県唐津市の肥前名護屋（なごや）城本丸と天守台。ここから豊臣秀吉は前線の城に対して本丸に他家の者を入れないよう定めた書状を送った＝筆者撮影

出とともに開けて日の入り頃に閉めた。城への出入りの際には鑑札《かんさつ》（木札に記した通行証）を確認した。現在の入構証や社員証のチェックと同じだった。いったん城内に入っても、本丸などの重要区画への出入りは制限した。

在番中に私用で城から出るのは厳禁だった。イノシシやタヌキを見かけたので狩りをするといって城を出たら討ち首。戦況が厳しくなると城から逃亡する兵もいたので、昼夜を問わず城の櫓に監視を置き、城から逃げ出す者を捕まえるよう指示した。

城の櫓に味方の城兵の逃亡を阻止した役割もあったとは驚きである。しかし戦国期の武士にも急用はあった。やむを得ない事情が生じたときは、番頭の許可を得て出て、その日のうちに戻るよう定めた。戦国の有給制度といえるだろうか。

城の番は寝泊まりを伴う連続勤務で、城内には陣小屋があった。現代なら宿舎完備、食事支給の勤務条件だった。ただし宿舎は雑魚寝で、プライバシーはまったく重視されなかった。在番《ざいばん》中は、歌や踊り、賭け事は厳禁。喧嘩《けんか》はどのような理由であっても当人はもちろん、その妻子も死罪とした。

衛生と環境の維持にも注意していて、毎日、汲み取りトイレの糞尿《ふんにょう》を遠矢の射程外まで捨てに行き、城の水源周辺の草木を保護して刈り取らないように定めていた。そして台風などで城に被害が出たときは、自宅の修理よりも城の修理を優先し、家族を動員するのも「苦しからず」と定めた。いくら戦国期でも「苦しからず」の使い方が間違っているのではないか。戦う城を日々守るのは、なんとたいへんだったのかと思う。

5　近世城郭の空間配置

山家城

秘密の山城で備えた近世の陣屋町

京都府のＪＲ綾部駅から由良《ゆら》川に沿って東へ五キロほど進むと綾部市東山町山家《やまが》に着く。ここで由良川と上林《かんばやし》川が合流して、小さな平地をつくっている。その上林川の北側に、中世から幕末までつづいた山家城がある。山家城は江戸時代には一万石の小大名、谷氏の陣屋だった。陣屋の跡地は「山家城址公園」になっている。堀や曲輪がよく残り、西北側への守りを固めたのがよくわかる。

陣屋から南東につづく上林川に沿った場所は、いまはほとんどが森や畑になっている。しかし、よく見ると段々に整えた平場が連なっている。これらの平場は、山家陣屋とともにあった武家屋敷街の跡である。陣屋も武家屋敷も保存状況は良好である。

綾部市では山家城の国指定史跡を目指す学術調査を行っており、陣屋跡で石垣や石段を

山家陣屋の堀。右上の曲輪内に御殿が建っていた＝筆者撮影

発掘している。陣屋と武家屋敷の跡がこれほど保存されているのは全国的にも珍しい。何も知らずに現状を眺めればただの雑木林だが、調査を重ねて史跡整備すれば、綾部市の宝になる場所である。

さて、山家陣屋と武家屋敷はとてもよく残るのだが、陣屋町に必要な町屋はその周辺に見当たらない。どうしたことかと探険すると、上林川を挟んだ対岸の西側に歴史的な由緒をもつ町屋があり、それが現在の東山町山家の中心集落としてつづいているのがわかる。つまり陣屋町である山家は、川の東岸に陣屋と武家屋敷を、西岸に町屋を配した美しい都市プランをもった。間口《まぐち》が狭くて奥行きが長い敷地が連なる東山町山家の屋敷区画には深い歴史があった。

山家陣屋の東側には山が迫るので、本来、守りに配慮すべき地形である。しかし奇妙なことに陣屋は大きな堀などを備えなかった。実は陣屋東側の山には戦国期の山城の甲ヶ峯《こうがみね》城があったからである。陣屋時代には山城を廃城にした。しかし陣屋を守る要として、いざとなったら使えるように大切にしていたらしい。それほど山城の保存状態はよい。

この山城には悲しい伝説がある。明智光秀が丹波を攻略したのち、光秀は甲ヶ峯城を廃城にするよう命じた。しかし城主（和久《わく》左衛門太夫）は山城を寺と称して壊さなかった。虚偽申請したのだ。しかし後日それが露見して城主は逃亡。一五八〇（天正八）年六月、光秀は城主を探して捕らえるよう厳命した。いまも昔も虚偽申告は身を滅ぼす。現代も給付金の不正受給摘発のニュースなどに接するが、改めて歴史に学んでほしい。

金沢城

創築当時の惣構えと近世の改修

加賀・能登・越中を治めた前田《まえだ》家百万石の居城として、石川県金沢市の金沢城は名高い。ここでは幻の前田利家《としいえ》の金沢城といま残る近世の金沢城について考えたい。

金沢城は舌状に延びた台地の先端に立地した。台地がつづいた南東方向には巨大な水堀を掘って遮断し、背後の守りを固めた。現在、この堀は町の幹線道路になっている。さらに金沢城は惣構えと呼ぶ堀と土塁を二重に備えて城下の町も防衛した。惣構えの堀と土塁は近代以降に失われていったが、いまでもその痕跡を市街地の段差や水路としてたどれる。たとえば人気のスポット、金沢21世紀美術館の敷地南側は水路が区切っている。美術館を訪ねてこの水路に注目している人はあまりいないが、この水路は金沢城下を守った惣構え堀の一部だった。そう思って見直してほしい。

こうした金沢の城と町のかたちは、初代藩主前田利家、二代藩主利長《としなが》の意思を強く反映した。近世初頭の金沢城は熊本城などと並んで日本を代表する城の設計だったに違いない。しかしその頃の金沢城中心部の姿は残念ながらよくわからない。江戸時代に起きた火災を契機に城の中心部を大改造したので、当初の城のかたちがほとんど残らないからである。

現在の金沢城には天守がない。しかし前田利家時代の一五八六（天正一四）年には天守があったと確認できる。翌一五八七（天正一五）年に利家は遠方からの武士を天守に案内したので、自慢の天守であったのだろう。この天守は利家没後の一六〇二（慶長七）年に落雷で焼失したが、二代藩主の利長は翌年に天守代わりの「三階櫓」を建設した。

慶長期（一五九六～一六一五年）の金沢城絵図を手がかりに考えると、現在は東の丸と呼

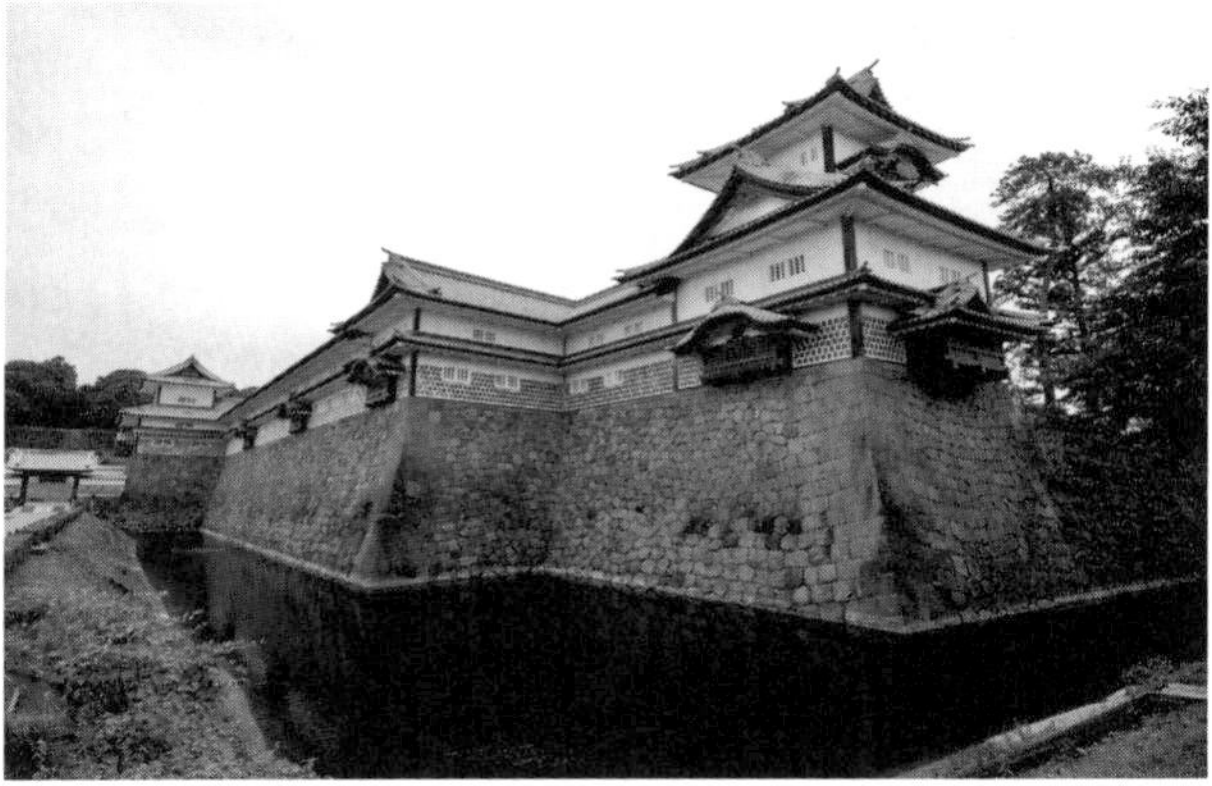

立体復元した金沢城二の丸の櫓群。現在、二の丸御殿の発掘が進む＝筆者撮影

ぶ本丸東側の曲輪が表御殿の立っていた本丸で、利家時代には本丸よりも上位空間の詰丸《つめのまる》に奥御殿が立っていたと復元できる。詰丸には天守もしくは天守相当の櫓があったと描いてあるので、この頃の金沢城は本丸と詰丸に藩主御殿がまたがってあって、天守が立つ詰丸と本丸を頂点とした典型的な近世城郭だったと推測される。

一六二〇（元和六）年に本丸御殿で火災があり、翌一六二一（元和七）年に前田家は江戸幕府の許可を得て改修を行い「西北の丸」と本丸をひとつにして敷地を拡張した。この元和七年の工事で、本丸の上位空間として詰丸を備えた二重構造を解消したと思われる。

詰丸に天守と奥御殿を、本丸に表御殿・中

金沢城二の丸に立体復元した櫓内に設置したエレベーター＝筆者撮影

奥御殿を置く設計は、織田信長の安土城、豊臣秀吉の大坂城と共通しており、利家が金沢城を築いたときに手本にしたのだろう。しかし平和になって防御よりも政務や生活のための御殿が重要になると、表・中奥・奥の御殿を広い空間にひとつづきに建てた城が主流になった。

そして一六三一（寛永八）年の大火で、整備した三階櫓や本丸御殿が焼失すると、前田家は再び江戸幕府に許可を得て修築を行った。今回は本丸を諦めて二の丸に藩主御殿を建てるという大改造だった。このときできた城の姿が、基本的に今日私たちが見ている金沢城である。

本丸ではなく、二の丸に藩主御殿を置くという変革は、ひとつづきになった大きな御殿をつくるために最適な選択であった。しかし藩主御

金沢市が復元した金沢城の惣構えの土塁と堀＝筆者撮影

殿が藩政を司《つかさど》る役所でもあったので、寛永八年以降の金沢城は実質的に二の丸を中心にした城へと変貌《へんぼう》した。このため金沢城は立地や全体の石垣や堀の配置からは本丸が中心のように見えて、実は二の丸が城の中心というややこしい城のかたちになっている。

たとえば本丸と二の丸といえば、ふつう本丸が上位の空間だが、金沢城では本丸に向いた二の丸側に細長い多聞櫓を建て、本丸に向けて門を構えた。つまり実質的に二の丸が本丸を逆転してより上位の空間になっていた。一見すると金沢城はうまくない城に思えて城ファンを悩ませるが、実は時代に求められる最先端を実現した城だった。石川県はこの二の丸御殿の立体復元を進めていて、近未来に近世大名の巨大御殿を体感できるようになる予定である。

金沢市は金沢城の惣構えの保護と整備に取り組んでいる。その成果としてＪＲ金沢駅と近江町市場との間の金沢市本町に、惣構えの堀と土塁を立体復元した。ごく一部の復元だが、市街地に現れる土塁から本来の大きさを想像できる。戦国期から江戸時代に、多くの城下町にあった惣構えは破壊されて地表から痕跡を失った例が多い。だから失われた惣構えを復元して城下町の歴史を可視化した金沢市の取り組みは高く評価される。

名古屋城

金鯱が天守を飾るに至る長い物語

愛知県名古屋城の金鯱《きんしゃち》は、名古屋城と名古屋のまちの象徴として、江戸時代から意識されてきた。近世初頭には江戸城や大坂城など、日本各地の城の天守に鯱がそびえた。しかし各地の鯱が火災などで失われたなかで名古屋城の金鯱は輝きつづけ、幾多の試練を越えてよみがえり、わが国随一の金鯱として今日に至っている。

金鯱は私たちの時代にも特別な意味をもちつづけている。一九九一年に設立した「名古屋グランパスエイト」のグランパスは、名古屋城の金鯱に由来した。二〇一八年に名古屋城周辺のにぎわいを創出するために設置した食のエンターテイメントゾーン「金シャチ横丁」は、まさに金鯱にもとづく命名であった。

名古屋市役所職員の襟には金鯱の徽章が輝き、名古屋駅で売っている土産の多くが金鯱のデザインやモチーフを用いている。名古屋城大天守の大棟に輝く金鯱は、名古屋の誇りを示すシンボルとして、二一世紀の人びとの心に生きている。ここでは、そうした金鯱の歴史的意義を明らかにしてみたい。まずは鯱の源流にさかのぼってみよう。

東アジア世界に生まれた鯱

鯱とは頭部は龍で胴体は魚、背中に尖ったひれを備えた空想の生き物である。鯱の頭部は虎ともいう。しかし後述するように、東アジアの中の正吻《せいふん》・鴟尾《しび》・龍頭《りゅうず》・鯱といった宮殿・寺院・城郭の棟飾《むねかざり》の系譜から見て、頭部のモチーフは本来、龍と考えるべきである。虎と説明するようになったのは、鯱がどのような系譜で成立したかがわからなくなってからのことと思われる。

古代中国の宮殿や霊廟《れいびょう》は屋根の棟飾（正吻）を備え、その棟飾には龍のモチーフを広く用いた。龍は中国を中心とした東アジア世界で古くから最高位の吉祥文《きっしょうもん》と捉えられたからである。天界へ自在に駆け昇り、雨を降らせ、霊力をもった霊獣としての龍は、皇帝をはじめとした権威の象徴になった。

そうした中国で成立した棟飾を、飛鳥時代や奈良時代の日本の宮殿・寺院が鴟尾として取り入れた。鴟尾を取り入れたのは、もちろん日本だけでなかった。モンゴルにある七世紀の突厥《とっけつ》時代のオラーン・ヘレム壁画古墳では、羨道《せんどう》（古墳の入り口から棺の置かれた玄室に至る通路）の前門上部に寺院を描き、この寺院は棟飾に鴟尾を備えた。描かれた鴟尾は上端部に鋭いくびれをもち、それが尾びれであるのを的確に表現した。中国を中心とした東アジア世界では宮殿や寺院の屋根に棟飾を備える伝統がつづいた。

中国内蒙古自治区赤峰市バイリン左旗から出土した一〇～一二世紀と比定される契丹《きったん》（遼《りょう》）時代の「宮殿形仏龕《ぶつがん》」は、屋根の棟飾に鴟尾を据え、その鴟尾は龍の顔をもち、尾びれを跳ね上げた（遼上京博物館蔵）。その形状は鯱に近似した。

西は現在のモンゴルから東はロシアのウラジオストクにおよぶ広大な領域をもち、一〇～一二世紀に栄えた契丹（遼）では、各地の城郭都市に仏塔を建てた。そうした仏塔のひとつ、一一世紀の慶州故城の慶州白塔（中国内蒙古自治区赤峰市バイリン右旗）では、八角塔の屋根の棟を龍の体に見立て、その先端に龍頭瓦を葺いた。まさに龍が天界から舞い降り、仏塔が天界への入り口であるのを象徴した。
日本は中国とさまざまな交流関係をもったが、古代以降も東アジアと日本との交流の中で鯱の原形は中国から継続的にもたらされた。たとえば一四世紀以降の日本の寺院建築に、龍のモチーフがはっきりと認められるのはその証拠である。日本の寺院建築の龍はいずれも木製彫刻で瓦製ではないが、一三六八（正平二三）年に建てられた法道寺《ほうどうじ》（大阪府堺市）の多宝塔の鯱は全体の造形も、牙、ひれ、うろこなどの細部の造形も、一六世紀以降の城の鯱瓦とよく共通した。そもそも想像上の聖獣であった龍の姿には可変性があり、のちの鯱イメージに近似した造形もありえた。

また日本の本州以外に視野を広げると、尚《しょう》氏による琉球統一を受けて一四世紀末に創建した沖縄県那覇市の首里《しゅり》城正殿《せいでん》も、当初から龍をモチーフにした龍頭棟飾を棟に据えたと考えてよいだろう。首里城正殿の場合は鯱ではなく龍であったが、これは中国の宮殿建築の龍をモチーフにした棟飾（正吻）を、より直接的に受容して成立したからであった。

一六世紀前半に仇英《きゅうえい》が描いた都市図・風俗図「清明上河図《せいめいじょうかず》」は、都市城壁の楼門《ろうもん》、宮殿、邸宅などの屋根に多数の棟飾（正吻）を描いた（遼寧省博物館蔵）。つまりわが国の城郭の屋根に鯱が上げられるようになる直前の時代に、中国には龍をモチーフにした棟飾が普遍的にあってシンボルとしての明快な意味をもっていた。それが東アジア世界に影響を与えていくことになった。

安土城天主と鯱瓦の成立

さて、これまで城郭建築としての天主（天守）は、織田信長が一五七六（天正四）年から建設をはじめた安土城で出現したとしばしば説明されてきた。ところが近年、そうした理解が誤っていたのが明らかになった。鍵を握る史料を追って、天主成立の過程を改めて明らかにして、鯱との関わりを考えたい。

一五七一（元亀二）年に比叡山焼き討ちを中心になって実行した明智光秀は、山城の宇《う》佐《さ》山《やま》城（滋賀県大津市）から琵琶湖畔の水城、坂本城（滋賀県大津市）へ居城を移し、築城を開始した。その工事の最中に、かねて光秀と親しかった京都吉田神社の宮司で公家の吉《よし》田《だ》兼《かね》見《み》が、坂本城を訪ねた。日記に兼見はこう記した（『兼見卿記』元亀三〈一五七二〉年一二月二四日条）。

城中天主作事以下、悉く披見也

城中で建築工事中であった天主以下を兼見はことごとく見たとしたのだから、坂本城には安土城に先立って「天主」と呼ぶ特別な建物があったのが確実である。それだけではない。吉田兼見が建設中の坂本城天主を見た翌年に、細川藤孝が勝龍寺城《しょうりゅうじじょう》（京都府長岡京市）で開催した連歌会について、連歌師の里村紹巴《さとむらじょうは》は次のように記した（「里村紹巴書状」元亀四〈一五七三〉年六月六日付〈『橋本家文書』、長岡京市編『勝龍寺城関係資料集』〉）。

勝龍寺ニ出候て只今帰宅候（中略）御天主に於いて、御両吟興行候

勝龍寺城に出かけていて、ただいま帰宅した。御天主で連歌・連句を二人で付けあって詠んだというのである。勝龍寺城の天主が一般にイメージするような無骨で装飾や室内意匠を整えない軍事建築ではなく、連歌会を開催できるような床や違い棚を備えた会所的機能をもつ建物であったと判明する。

さらに翌一五七四（天正二）年六月一七日に、藤孝は勝龍寺城で古今伝授《こきんでんじゅ》を受けた（「古今伝授座敷模様」〈長岡京市編『勝龍寺城関係資料集』〉）。

天正二歳在甲戌六月十七日、古今集切紙、於勝龍寺城殿主、従三条大納言殿御伝授、座敷者、殿主上壇、東面人丸像掛之（隆信筆、着色）、置机子於正面、香炉・洗米・御酒備也、手箱仁三種神器在也、張錦於其上、置文台、北面亜相御着座（座仁鋪布一端）、南面藤孝着座（同鋪布壱端）

天正二年六月一七日に、古今集切紙を勝龍寺城の殿主（天主）において三条大納言（三《さん》条西実澄《じょうにしさねずみ》）より御伝授した。座敷は天主の上段の東面に藤原隆信《ふじわらのたかのぶ》筆の着色のある人丸像《ひとまろ》を掛け、机子を正面に置いて香炉・洗米・御酒《みき》を備えた。手箱には三種の神器があって、錦《にしき》をその上に張り、文台に置いた。北面に三条西実澄が布を一枚敷いて座し、南面に細川藤孝が同じく布を一枚敷いて座した。

つまり勝龍寺城の天主の内部は座敷になっていて、床を備えた上段と下段に分かれた御殿空間であった。そして勝龍寺城の天主のあり方は、同時期に存在し、勝龍寺城と同じ型によってつくった同笵瓦《どうはん》をもった明智光秀の坂本城の天主に共通したと考えてよい。

坂本城と勝龍寺城の天主から判明するのは、安土城より前に畿内に成立していた天主建築があり、天主はおそらく三階建て程度で、城のシンボルの役割をもったということである。それは通常の御殿とは書き分けられるべき特別な建物であって、天主内部は畳を敷き、古今伝授の儀式の場に選んだように、城内最高の格式を備えた。さらに天主内の座敷には上段・下段に分かれた部屋があった。

一方で畿内の城郭では、巨大な木造の櫓を建てる建築技術も同時期に発展していた。松《まつ》永久秀《ながひさひで》の多聞城《たもん》（奈良県奈良市）では、一五六二（永禄五）年八月一二日に奈良中の人びとが見物するなかで棟上げをし（『享禄天文之記』）、一五七七（天正五）年六月五日に破却した（『多聞院日記』）、大きな「四階櫓」があった。

多聞山四階ヤクラ懐（壊）了、ナラ中人夫出、珍重々々

多聞城にあった四階櫓を奈良中から人夫を出して壊した。珍重、珍重と、興福寺多聞院の院主・多聞院英俊は記した。多聞城のシンボルであった四階櫓の破壊は、南都に進出して興福寺の権限を奪おうとした松永久秀の失脚を意味したから、英俊にとって誠によろこばしいことだった。そして天主ではない、軍事的な巨大櫓が畿内で出現していたのも、英

俊の日記からわかる。

これまで松永久秀の多聞城「四階櫓」を天主の祖型とする説があった。しかし、そう考えるのは厳密には適切でない。なぜなら坂本城や勝龍寺城で確認できる天主は城のシンボルになる象徴的な建物であっただけでなく、その内部は御殿空間になっていて、軍事系ではなく御殿系建築に属していた。だから天主はせいぜい三階建てで、屋根は棟瓦を除けば植物質の柿葺《こけらぶ》きか板葺きであった。

それに対して多聞城の「四階櫓」は、同時代の史料で「天主」と記したものはない。あくまでも大きな櫓で軍事系建築であったと捉えられる。そして多聞城には島津家久《しまづいえひさ》の上京のようすを記した『中書家久公御上京日記《ちゅうしょいえひさこうごじょうきょうにっき》』の記述から、「四階櫓」とは別に「楊貴妃の間」など障壁画を整えて一部が二階建てになっていた華麗な本丸御殿があったと判明する。つまり多聞城の「四階櫓」は軍事に特化した高層の櫓であり、屋根は軍事系建築にふさわしく瓦を葺いた大櫓であったと理解される。

こうして安土城天主成立以前の状況を分析すると、御殿系建築に属した天主と、軍事系建物に属した高層櫓の両方がそれぞれ畿内の城郭で成立していたのが見えてくる。そして織田信長の安土城天主とは、御殿系建築として畿内に先行してあった室礼《しつらい》を整えた座敷をもった天主と、軍事系建築としての畿内に先行してあった瓦葺きの大櫓「四階櫓」を融合し、規模を圧倒的に拡大した上で、階層的な城郭構造の頂点にそれを置いて、政治と軍事を統合した信長政権の権威の象徴として創出した新たな「天主」であったと読み解ける。だから安土城天主の内部は、障壁画で飾られた御殿でなくてはならず、安土城天主の屋根は、軍事建築としての瓦葺きでなくてはならなかった。

そして安土城天主の障壁画は、中国の物語をモチーフにしたものを最高のものとして上層階に配置し、日本の画を下層階に配置したことからわかるように、中国文化を最善とする世界観で統一されていた。そうした天主の内装がもった階層的な構造は、天主の外部意匠とも密接に連携したと考えるべきである。安土城天主を考える手がかりである『信長公記《しんちょうこうき》』は、安土城天主の瓦について、次のように記した（『信長公記』巻九）。

瓦焼唐人の一観相添へられ、唐様に仰付けらる。

瓦、唐人の一観に仰付けられ、奈良衆焼き申すなり。

安土城天主の瓦は、中国人の一観《いっかん》に意匠を担当させ、中国風デザインにするようにお言いつけになった。そして古代の平城宮の造営以来、宮や興福寺、東大寺などの瓦を焼いてきた奈良の瓦職人が瓦を焼いた。

唐人一観が具体的に何をプロデュースしたのかはこれまで詳らかではなかった。しかし安土城から出土する瓦が、オリジナルのデザインであっても日本の伝統的な唐草《からくさ》や巴文《ともえもん》の瓦であったのを考えると、一観が関与したのはそうした一般的な瓦ではなく、天主をはじめとした特別な瓦の創出――鯱瓦の誕生――であった蓋然性が高いと思う。中国に生まれた一観は、中国の城の楼門や宮殿の屋根の棟に正吻と呼ぶ龍をモチーフにした棟飾を据える文化的意味を当然熟知していた。

龍は中国において天界と地上を自由に駆けめぐり、雨と水をコントロールして災いを除き、世界を安寧に導く霊力を備えた霊獣であった。そして龍は至上の皇帝の力と権威を象徴した。安土城天主は鯱が加わることによって、天主がただ城の頂点にそびえたというだけでなく、龍から昇華した霊獣・鯱が天主の大棟《おおむね》に舞い降り、また駆け昇る文化的象徴性を備えた特別な建物になった。それは信長がつくろうとした来たるべき社会のシンボルでもあった。

安土城の発掘ではいくつかの鯱瓦が出土している。ただし出土した鯱瓦が天主に用いたものかははっきりせず、櫓や櫓門に用いたものであった可能性がある。しかし城内中枢部にあった櫓や櫓門の屋根に鯱瓦を上げたとすれば、天主の棟に鯱瓦を据えたのも確実といえよう。

先に見てきたようにわが国には早くから宮殿や寺院の屋根に鴟尾を据える文化をもった。その源流は中国にあり、日本のみならず東アジアの各国に龍をモチーフにした棟飾は広く受容されていた。信長は天主内部の座敷群を、当時の文化的価値観であった唐物を頂点とした世界観で構成した。そうした天主内観とまさに表裏一体になった天主外観の象徴として、一観の助言を得た信長は中国での正吻の文化的意義を踏まえつつ、独自のものとして鯱瓦を生み出したと考えてよいだろう。

天主の頂に輝いた鯱瓦は、先に述べたように天主内部と密接に呼応した。安土城天主で特徴的な八角形をした六重目には、次のような絵を描かせていた（『信長公記』巻九）。

六重め、八角四間あり。外柱は朱なり。内柱は皆金なり。（中略）御縁輪のはた板にはしゃちほこ（鯱）、ひれう（飛龍）をかかせられそして最上階の七重目にも、龍が描かれていた。

上七重め、三間四方、御座敷の内皆金なり。そとがは是又金なり。四方の内柱には上竜（昇り龍）、下竜（降り龍）、

安土城の六重目の八角形の部屋の縁をめぐった壁の羽目板《はめいた》には、飛龍と、龍を昇華した鯱が次々と現れ、七重目の内外とも金箔で光り輝いた最上階では、龍が天界から安土城へ舞い降り、そして龍は安土城から天界へと舞い昇って二つの世界を結びつけた。それはゆるぎなく神聖で至高な天主空間の創出だった。六重目に鯱と飛龍を交互に描いたのは、信長が鯱と飛龍を等しい性格をもつ霊獣と意識した表れである。

そして最上階のさらに上にそびえた天主の大棟には、一対の鯱が尾を跳ね上げ、見晴るかす世界の安寧を守護した。天主の棟に鯱を据えたことで、安土城天主の吉祥と至高さは、内に向かうベクトルだけでなく、外に向かって世界を包むベクトルをもった。こうして信長の安土城天主の鯱は、日本の城の天主に固有の文化的意味を与えた。天主の大棟に輝い

た鯱は平和な世の将来を見る者に告げ、そして鯱を戴いた天主は、鯱によって天界と結ばれ、城も地域も鯱によって守護されることを約束した。

信長がそう考えていた証拠として、安土城の築城以降に使用した「双龍印」――「天下布武」の文字を一対の龍が囲んだ印章――があげられる。「天下布武」の印文を左右から囲んだ一対の降り龍は、大きな頭部をもち、鯱の造形に近い。霊獣が天界から舞い降りて信長を守って一体化したイメージは、まさに天主の鯱に共通した。

このように信長の安土城天主の鯱が、名古屋城の金鯱の成立に大きな影響を与えた画期だったのは間違いない。しかし安土城が鯱瓦を用いるまでの過程には、まだ検討の余地がある。たとえば先に関説した光秀の坂本城本丸からは、龍と考えられる役瓦《やくがわら》（鬼瓦《おにがわら》や飾《かざり》瓦《がわら》）が出土している。

天主建築成立以前の仏教建築で、早くから中国由来の龍を用いたのを考えると、坂本城の龍も仏教的なモチーフとして、やはり本丸から出土した宝珠文《ほうしゅもん》鬼瓦などとともに、吉祥文のひとつとして取り入れていた蓋然性が高い。そして、わざわざ龍頭を浮き彫りにした役瓦を坂本城で用いたのは、光秀が中国由来の龍の文化的意味を知る深い教養を備えたからと考えられる。

特別史跡安土城跡出土金箔
鯱瓦復元模型＝滋賀県提供

名古屋城大天守大棟の鯱

そして信長よりも早く、この場合は「麒麟《きりん》がくる」ではなく「龍がくる」世を、自分自身がつくる拠点が坂本城であるという意志を込めたのだろう。ただし坂本城天主の龍は当たり前だが鯱ではなかった。光秀が東アジアの龍の文化的意味を熟知していたのは、人としての教養の深さを物語る。しかし光秀は教養人としての中国文化の受容に留まっていた。そう考えると龍を鯱に昇華して天主の大棟に上げた信長と、安土城天主の歴史的意義の大きさを改めて指摘できる。信長がいなければ、その後の日本の城の天守は大棟に龍を掲げていたのかもしれない。

名古屋城金鯱への道

安土城で出土した鯱瓦で、もうひとつ興味深いのは、全体が金箔押しでなく、前歯、牙、目、うろこといった部分のみ、漆を接着剤にして金箔にしたことである（仲川ほか二〇〇九）。同様の例は豊臣大坂城出土金箔龍面鯱瓦（大阪府大阪市）、広島城の金箔鯱瓦（広島県広島市）、長浜城の金箔鯱瓦（滋賀県長浜市）、甲府城の金箔鯱瓦（山梨県甲府市）などで知られており、豊臣期までは全身に金箔を押した名古屋城のような金鯱はなかった。鯱の全体が金鯱になったのは徳川期になってからと考えられており、まさに名古屋城の金鯱は、家康の時代になって現れた究極の鯱であった。

なお金鯱をめぐる言説について、ひとつ付言したいのは、豊臣期の金鯱瓦や金箔瓦の使用を、江戸へ移った徳川家康を金箔瓦の城で脅して包囲したためとする説があることである。この説では小田原攻めの後、豊臣秀吉の命で北条氏の領地だった関東に移り江戸城を居城にした家康に対して、秀吉は豊臣恩顧の大名を三河や遠江などの家康旧領に配置して金箔瓦の城をつくらせ、家康を包囲したとする。

確かに関東の家康領に接したほかの大名の城だけを取り出せば、こうした解釈が一見成り立つように見える。しかし近年の発掘で豊臣期に金箔瓦を用いた城は東北から九州の宮崎県におよんだことが判明していて、家康が生涯に一度も足を踏み入れなかった地域にも、この時期の金箔瓦の城が存在していた。つまり文章の一部だけを切り取ると、本来の文意とはまったく異なった内容に見せかけられるように、分布図の一部だけを切り取って説明すると史実と異なる説明が成り立つように見せてしまっていたのである。つまり金箔瓦の城による家康包囲網説は、考古学的な分布の不適切解釈による誤った説明であった。

こうした問題は考古学の研究でときに起きてきた。たとえば最も著名なものでは弥生時代の「銅鐸《どうたく》文化圏と銅剣・銅矛《どうほこ》文化圏」による説明であろう。畿内を中心とした「銅鐸文化圏」と九州・西日本を中心にした「銅剣・銅矛文化圏」が対立して邪馬台国《やまたいこく》前夜の政治状況をかたちづくったと過去に説明されてきた。しかし一九八〇年に佐賀県鳥栖市の安永田《やすながた》遺跡で銅鐸の鋳型が発掘された。一九八四年には島根県出雲市の荒神谷《こうじんだに》遺跡で銅剣三五八本、銅鐸六個、銅矛一六本が一緒に発掘され、さらに一九九六年に島根県雲南市の加茂《かも》岩倉《いわくら》遺跡からは銅鐸三九個が発掘された。

これらの発掘成果による分布図の刷新によって、従来の「銅鐸文化圏と銅剣・銅矛文化圏」の対立で弥生時代の社会を説明してきた定説は、完全に否定された。考古学研究上のある段階の遺構や遺物の分布を示した分布図は、その段階の知見を地図上に記したものであり、それがどの程度史実と合致しているかは常に確かではない。「金箔瓦の城による家康包囲網」説も学史的な視点から見れば、「銅鐸文化圏と銅剣・銅矛文化圏」説と同様といえる。

そもそも金箔瓦包囲説では家康の旧領に豊臣恩顧の大名を秀吉は配置したというが、このとき秀吉はすでに天下を統一しており、家康を含めてすべての大名は秀吉に従っていた。だからどの大名が江戸の家康の隣に領地を与えられても、豊臣恩顧の大名になったのは当前で、そうではない大名が隣に来るのは理論的にありえなかった。

だから都合よく一部の大名だけを豊臣恩顧とことさらに解釈するのは、考察の前提として適切でない。また秀吉が一貫して家康を仮想敵と見なしていたというのも、のちの大坂の陣で家康が豊臣家を滅ぼしたことから後づけした結果論にすぎない。秀吉は家康を敵視したどころか、朝廷に上奏して家康の官位を上げて地位を向上した。また家康も秀吉の信認に応えて活動した。

もともと織田信長の安土城を訪ねて金箔瓦を十分見知っていた家康が、周囲の大名の居城の屋根に金箔瓦を葺いたのを見て驚いたと考えること自体が、成り立たない想定である。そして決定的なのは家康が江戸へ移る前に石垣を築き、大天守・小天守を建てた駿府城（静岡県静岡市）で、家康時代の金箔瓦が二〇一八年に発掘で出土したことである。家康の駿府城が石垣をもち、大・小天守があったのは、のちに本書で述べるように、実際に駿府城の築城に参加した松平家忠の『家忠日記』の記述から明らかである。

そうした一次史料があるにもかかわらず、記述を無視して家康後に駿府城に入った中村《なかむら》一氏《かずうじ》が石垣や金箔瓦をつくったとする静岡市の評価はあまりに強引な解釈であり、発掘成果の理解としても適切さを欠いている。発掘成果の再検討が進み、突飛な解釈ではなく、着実に資料・史料を踏まえた駿府城の評価に落ちつくのを期待したい。

語り継がれる金鯱

一六〇九（慶長一四）年に徳川家康は名古屋築城を決定し、翌一六一〇（慶長一五）年から名古屋城の築城工事ははじまった。数々の城を築いてきた家康の城づくりの集大成が、名古屋城だった。堀や石垣の工事が完了した一六一二（慶長一七）年五月頃からは、いよいよ大・小天守の建築工事が本格化した。その年の一一月には天守や櫓の「しふん」＝鴟吻、つまり鯱の仕様を検討して、銅瓦の屋根の鯱は銅で、瓦屋根の鯱は瓦でつくると決定した（『中井家史料』）。

こうした基本方針とは別に大天守の鯱は特別につくられた。まず内部に木組みをして荒削りの寄木《よせぎ》張りを行い、その上に鉛板を貼りつけた。これをベースにうろこ形の銅版を銅釘で打ちつけて細部を造形し、最後にこの上に金の延板をかぶせ張りにして金鯱は完成した。江戸の匠の細やかな技によって金鯱は生まれた。

江戸幕府の三代将軍・徳川家光時代の江戸を活写した「江戸図屛風」は、全体に金をまとった金鯱を江戸城天守（寛永度天守）の大棟に描いた。「江戸図屛風」が描いた天守以前に、江戸城には家康の慶長度天守、秀忠の元和度天守があって、それらも名古屋城天守の鯱と同様に、全体に金延板を施した金鯱であった可能性が高い。しかし江戸城天守は最終的に一六五七（明暦三）年に起きた明暦の大火で焼失し、金鯱も失われて見られない。

名古屋城の大天守に輝いた金鯱は、江戸時代に修理を重ねつつ東海の地を見晴るかし、明治になって天守から舞い降りて国内の博覧会に出陣され、日本中の人びとを驚かせるとともに、文化財の保護意識の向上に大きな役割を果たした。

さらに一八七三（明治六）年にはウィーンの万国博覧会に出陣され、世界の人びとに日本の文化財・工芸品の魅力を伝えた。近代国家への歩みを急いでいた日本にとって、名古屋城の金鯱は国際親善大使であった。徳川家康が信長から受け継ぎ、名古屋城の金鯱に込めた平安な世の願いは、日本から世界へと広がった。一八七八（明治一一）年に名古屋城の大天守に金鯱は戻ったが、一九四五年五月一四日の空襲で天守群、本丸御殿と一緒に焼失してしまった。しかし名古屋市の復興のシンボルとして鉄筋コンクリートで再建した大天守とともに一九五九年に金鯱はよみがえった。

その後、金鯱は一九八四年の名古屋城博と、二〇〇五年の新世紀・名古屋城博で地上に降りた。そして二〇二一年に、金鯱は再び降臨した。二〇二一年の金鯱降臨は、天守の木造再建計画が進む中で、長年雨風にさらされてきた金鯱の状況を確認し、必要な修理を計画・実施する機会になった。破損した部分を適切に修繕して、再び名古屋城大天守の大棟に金鯱が戻ったのはうれしいことだった。

第二次世界大戦後に精密に復元した金鯱も、製作から六〇年以上の年月を経て、登録文化財として文化庁から指定を受ける条件を満たしている。金鯱を未来によりよい状態で伝えていくために、適切な点検・修理を行うのは、私たちの時代の責務である。そして二〇二一年は新型コロナウイルスの世界的な感染拡大という人類史上の危機にあたった。私たちの時代は歴史の中で、ペストの流行、スペイン風邪などと並ぶ疫病に直面した時代として語り継がれていく。こうした危機にあるときに、東アジアの伝統と文化に源流をもち、信長の安土城天主を画期に家康が受け継いで発展させて生み出した名古屋城の金鯱が、地上に舞い降りた意義はとても大きかったと思う。

天守の大棟に輝く金鯱は、天守の上にあってその霊力を発揮すると信じられてきた。その金鯱が私たちのもとに降臨すれば、文字通り天界と地上とを金鯱が結ぶ。金鯱の降臨は、新型コロナに苦しむすべての人と社会を勇気づけるに違いない。信長も家康も信じた鯱の霊力に、新型コロナ後の未来を祈念したい。

2章

城から読み解く戦国の人と社会

真夏に山城を探険（滋賀県 小谷城）

1　将軍上洛と近畿の城

小谷城

浅井氏が朝倉氏に託した防衛の要

滋賀県長浜市にある小谷《おだに》城は、一九三七（昭和一二）年に国史跡に指定され、広大な城域を誇る。戦国屈指のこの山城は周囲の環境とともにたいへんよく保存されている。麓《ふもと》に小谷城戦国歴史資料館があり、浅井《あざい》氏の歴史や小谷城の見どころをわかりやすく展示しているので、ぜひ小谷城探険の折には見学をおすすめしたい。

さて、小谷城は南に向かってU字に延びた二つの尾根に占地した。そして尾根が挟んだ中央の谷筋に山麓《さんろく》の武家屋敷群があった。東側尾根上には浅井長政《ながまさ》が守った本丸や、長政の父・久政《ひさまさ》が守った小丸《こまる》、守護の京極《きょうごく》氏を迎えた京極丸などの曲輪《くるわ》（防御した削平地）が南北八〇〇メートルにわたって展開した。小谷城の中心部が東尾根にあったことは確実である。

大嶽城側から見た小谷城中心部。大嶽城の尾根から見下ろす東側の尾根に本丸などがあった＝筆者撮影

それに対して、西側尾根上には三カ所に独立した城があるだけで、まったく使い方が異なった。

西側尾根の最高所は小谷城の最高所でもあり、そこに大嶽《おおずく》城があった。もともと浅井氏の砦《とりで》があった場所と考えられるが、現在見られる城は浅井氏を助けた越前朝倉《あさくら》氏の軍勢が築いたものである。そして大嶽城は小谷城の本丸などがある東側尾根を眼下に見下ろす位置にあり、小谷城防衛の要であった（第2節で詳しく述べる）。

それほど大切な場所を浅井氏は朝倉氏に委ねた。浅井長政・久政と朝倉義景《よしかげ》はなんと深い信頼関係を結んでいたのだろうか。戦国期は裏切りを繰り返す時代だった。しかし、そんな時代でも信じ合える関係をつくった人びともいたのである。浅井氏は全幅の信頼をもって朝倉氏に背中を預けて戦った。その思いを城のかたちが語っている。大嶽城からの眺望は戦国の信義を感じる眺めである。

浅井氏から全幅の信頼を寄せられた朝倉義景はどんな城を築いていたのか。次に福井県福井市の一乗谷《いちじょうだに》朝倉氏遺跡を訪ねよう。

一乗谷朝倉氏遺跡

日本海ネットワークがもたらした山城を背景に

福井市の一乗谷朝倉氏遺跡は、戦国期城下町の主要部をほぼ完全に保護し、特別史跡として整備したわが国唯一の遺跡である。福井県立一乗谷朝倉氏遺跡博物館が計画的な発掘調査を進め、その成果にもとづいて戦国期城下の町屋や朝倉氏館をわかりやすく示している。谷の中にある朝倉氏館や町屋を見学し、博物館も訪ねるならば、せめて半日は必要だ。こうして半日も戦国の城下町を探訪すれば、もうすべてを見たといいたくなる。しかしよく考えてほしい。館を見ても、まだ城は見ていないではないか。

戦国期に館だけでは本格的な防衛拠点にならなかった。だから朝倉氏は一乗谷に本格的な山城である一乗城山城を築いていた。一乗城山城は朝倉氏館背後から四〇〇メートルほど登った山の上にある大規模な戦国期拠点城郭だった。山城内には朝倉氏のもうひとつの大きな御殿跡を確認できる。この山城の重要性は忘れられてきたが、一乗谷朝倉氏遺跡を谷の中の館と町のイメージだけで捉えて説明するのは適切ではない。

そして一乗城山城は、城の周囲に畝状空堀群《うねじょうからぼりぐん》と呼ぶ、竪堀《たてぼり》と竪土塁《たてどるい》を連続させた防御施設を並べ築いて厳重に防衛した。畝状空堀群は日本各地の戦国期山城にあったが、分布の中心は日本海側にあった。高度な軍事技術として、日本海の海運を通じて広まったのではないだろうか。興味深いのは山城内の朝倉氏の御殿が山の頂部になく、家臣に守備を託したより高い場所の平場から見下ろされたことである。最終的に一乗城山城を整えた朝倉義景は、家臣たちが自分を守ってくれると、心から信じて疑わなかったと読みとれる。

城の最高所の絶対的な中心に御殿を建てた織田信長と異なった意識で、義景は家臣に接したのがわかる。山城で家臣に完全に見下ろされる御殿を気にしなかった義景は信長に敗れた。しかしきっとよい人だったと思う。

山々が囲む谷の中にあって、城下町は谷の出入り口に設けた石垣積みの城戸《きど》で守っていた。朝倉氏に仕えた武士や、朝倉氏に直属した商人・職人がこの城戸の中で暮らした。朝

一乗城山城が備えた畝状空堀群。人物の右側の斜面に竪堀と竪土塁を並べ築いている＝筆者撮影

倉氏に関わる館はいくつもあり、それらはみごとな庭園をもった。また城下には医師や工芸職人、武器・武具職人などが活動していたことが発掘からわかる。

朝倉氏の領国であった越前から産出する特産品のひとつに笏谷石《しゃくだにいし》があった。加工が容易な笏谷石は、さまざまな用途に使用でき、一乗谷から足羽《あすわ》川の水運で結んだ三国《みくに》湊から日本海の海運によって各地へ輸出した。たとえば北海道上ノ国町の国史跡上之国《かみのくに》勝山館《かつやまだて》からも笏谷石が出土していて、一乗谷は北海道ともつながっていたのを遺物がみごとに証明している。

つまり山に囲まれた谷の中にあっても、一乗谷は孤立した城下町ではなく、実は日本各地と結びついていた。技術・情報が集まり戦国期の文化を推進する大きな力をもった都市だった。地域をどう活性化させるのか、朝倉氏の戦略による一乗谷の繁栄は、私たちの時代のまちづくりの手がかりになると思う。

明智光秀は若き日に朝倉義景を頼って一乗谷に暮らしたと伝えられる。残念ながら義景も光秀も戦いに敗れて亡くなったので、詳しいことはわからない。ただし、近年発見された『針薬方《しんやくほう》・独見集』(『米田《こめだ》家文書』)によって、一五六六(永禄九)年に光秀が足利義昭《あしかがよしあき》を助けるために滋賀県高島市の田中城に籠城《ろうじょう》したと判明した(後出の「田中城」参照)ので、光秀が一乗谷に暮らしたのはこれより前と考えられる。

それでは一乗谷朝倉氏遺跡を訪ねて、光秀の屋敷跡も見て回ろうとすると、多くの方がとまどうに違いない。光秀屋敷の伝承地は一乗谷を守った城下中心部から「上城戸《かみきど》」を出て峠を登って下った先の福井市東大味町だからである。ここは朝倉氏館から直線で三キロも離れていて、いまの常識では一乗谷の城下町とは思えない。そして義景が光秀を冷遇したのを証明しているように感じられる。

しかし実態は違ったと思う。戦国期の城下町は家臣や直属商工業者など大名と直接の関係をもった人が暮らした城戸の内と、その外側にあって大名と直接の関係をもたなかった

上、400年前の戦国期城下町を立体復元した一乗谷朝倉氏遺跡＝筆者撮影
下、光秀屋敷跡に祀られた「あけっつぁま」の祠（ほこら）＝筆者撮影

人びとの市場町との、二つの町から成っていた。義景の家臣ではない光秀は必然的に城戸の外に住んだはずで、東大味《ひがしおおみ》町の光秀屋敷の伝承には説得力がある。しかもここは一乗谷の大手道に面していた。

さらに光秀屋敷の伝承地を古い航空写真で分析してみると、一辺五〇メートルほどの堀と土塁をめぐらした館であったと判読できる。この規模の館は村のお殿様級の格式であり、義景が光秀を大切にしたのは確実である。のちに細川忠興《ほそかわただおき》に嫁いだ玉《たま》（細川ガラシャ）もこの地で生まれたとされ、光秀は平和なひとときをここですごした。

一乗谷朝倉氏遺跡の整備は全国に先駆けて進められ、いち早く町屋の立体復元を行い、タブレットを用いたVR（仮想現実）やAR（拡張現実）解説を実現してきた。一乗谷朝倉氏遺跡では朝倉氏館の一部を原寸大で復元した大規模なガイダンス施設を建設し、二〇二二年一〇月には新たに一乗谷朝倉氏遺跡博物館が開館した。落語家で城に詳しい春風亭昇太師匠が「名誉お屋形さま」に就任して、一乗谷の魅力の発信をしている。

山上に展開する武家屋敷群が「三悪」の汚名をそそぐ

信貴山城

誰もが悪口をいわれたくない。しかし思わぬことで悪口をいわれ、当事者でもない人が又聞きで無責任な悪評を流すことはよくある。悪口を聞いて先入観をもっていても、会うと人物評が一変した経験は、みなさんにもあるだろう。悪口は時として真実であるが、嫉妬によって真実を覆い隠しているときが多い。そして意外なことに、城歩きから人物評が変わることがある。

一五六五（永禄八）年に都で、一三代将軍足利義輝《あしかがよしてる》が二条御所で暗殺されるという大事件が起こった。この政変は大和の戦国武将松永久秀《まつながひさひで》が三好《みよし》三人衆（三好長逸《ながゆき》・三好宗渭《そうい》・岩成友通《いわなりともみち》）と謀《はか》って実行したといわれてきた。

そのせいか、戦国武将で松永久秀ほど、悪くいわれてきた人は珍しい。久秀は主君を毒殺し、将軍を殺害し、東大寺大仏殿を焼くという「三悪」を行ったと伝えられてきた。しかし天理大学の天野《あまの》忠幸《ただゆき》氏の研究によれば、いずれもぬれぎぬで、久秀の評価はいまこそ改めるべきである。

久秀は主君の三好義興《よしおき》を毒殺したとされてきた。ところが義興の病を嘆き悲しむ久秀の

信貴山城址（じょうし）保全研究会によって、環境整備が進んだ伝松永屋敷跡＝筆者撮影

書状が残っていて、実は久秀は主君に想《おも》いを寄せる誠実な人だった。

久秀は将軍足利義輝を殺害したとされてきた。確かに将軍暗殺に久秀の子久通《ひさみち》は首謀者として関わった（次項「田中城」参照）が、久秀は義輝の弟である義昭を保護して異なる行動をとった。そして東大寺大仏殿の炎上は、久秀に敵対した三好軍が東大寺境内に陣取って、久秀の城を攻めた戦いで起きた。東大寺が三好軍の境内への駐留を許可したのだから、焼失の原因を久秀だけに負わせるのは不公平である。

城から久秀を分析するとどうだろうか。久秀が整備した信貴山《しぎさん》城（奈良県平群町）は信貴山朝護孫子《ちょうごそんし》寺《じ》の寺域として守られ、戦国期拠点城郭が完全に残っている。これほどの城が奈良県史跡にも指定されていないとは驚く。国史跡に指定されるべき城である。

信貴山のお寺から山道をたどっていくと、信貴山城の中心部にたどりつく。軍事的な核は山頂の雄岳・雌岳が担い、そこから手のひらを拡《ひろ》げたように派生した尾根上に壮大な武家屋敷群が展開した。

興味深いのはそうした尾根の上のひとつが久秀の屋敷と伝えられていることで、久秀は家臣の上に君臨したのではなく、家臣と同じような場所に屋敷をつくり、軍事的な詰城《つめじろ》を共有していたと判明する。久秀は城から見ても決して悪人ではないのである。

将軍暗殺に加担したのは久秀の息子、久通と三好三人衆だった。次に足利将軍をとりまく政争がどう繰り広げられたのか、琵琶湖のほとり、田中城から見てみよう。

田中城

籠城戦略で将軍上洛を実現させ、頭角を現す光秀

滋賀県高島市にある田中城は、琵琶湖の西北にあって、安曇《あど》川がつくり出した三角州に臨む位置にある。城の本丸からは足下の平野はもちろん、対岸の長浜や遠く伊吹《いぶき》山も一望

できる。心和《なご》む景色だが、田中城は戦国期に激戦の舞台になった。

一五六五（永禄八）年五月、三好氏と松永久秀の息子久通は、将軍親政を進めていた室町幕府第一三代将軍足利義輝を京都の二条御所に襲い殺害した。永禄《えいろく》の変《へん》と呼ぶこの大事件は、当初から将軍殺害を意図したとも、軍事的圧力で政治要求をのませるつもりが意図せず軍事衝突になった結果ともいわれ、謎が多い。また前項でも述べたが、将軍殺害に松永久秀が首謀者として関わったと伝えられたのは誤りで、実行したのは松永家の家督を継いだ子の久通だった。

三好氏や久通は義輝の弟であった覚慶《かくけい》（のちの第一五代将軍足利義昭。以下、義昭と記す）が奈良興福寺の僧になっていたので即座に幽閉し、その一方で、操りやすい足利氏一族で徳島生まれの義栄《よしひで》を将軍に据えようとした。しかし殺害された義輝に仕えていた細川藤孝《ほそかわふじたか》や三淵藤栄《みつぶちふじひで》は、興福寺に捕らわれた義昭を救出し、近江の六角氏を頼って避難した。

翌一五六六（永禄九）年二月、義昭は将軍家の正統な当主であると近江で宣言し、藤孝たちは義昭を将軍にするための積極的な外交戦を展開した。軍事的には劣勢でも、藤孝たちには将軍家を支えてつちかった外交力があった。そしてたちまち南近江の六角義賢《よしかた》、北近江の浅井長政、若狭の武田《たけだ》義統《よしむね》、越前の朝倉義景、尾張の織田信長などを味方につけて、

田中城に残る土塁。山の寺を転用して山城にしていた＝筆者撮影

京都を奪取する作戦を立てた。

そうした藤孝たちの動きを三好氏が傍観しているはずもなく、三好氏は近江・若狭へ軍事行動を展開して圧力をかけた。そして三好氏も外交戦で巻き返し、六角義賢を義栄側に寝返らせるのに成功した。信長は同年八月に尾張の小牧《こまき》山《やま》城を発して義昭を助けて上洛するつもりだったが、六角氏離反と美濃の斎藤龍興《さいとうたつおき》の攻撃によって作戦中止に追い込まれた。

六角氏が敵にまわったことで近江は安心できる土地ではなくなり、藤孝たちは義昭を守って若狭へ避難することにした。このとき三好氏と六角氏の軍事攻勢を防ぎ止めた義昭方の防衛拠点が田中城だった。

しかし、このとき田中城で足利義昭の軍勢が三好・六角連合軍の北上を食い止めるために籠城戦を行ったことは長らく注目されてこなかった。ところが、江戸時代に熊本細川家に医師として仕えた米田《こめだ》家に伝来した古文書（『米田家文書』）の研究が進んで、状況は一変した。

問題の古文書は紙の表裏両面に文字を記していた。一方の面には同年八月二八日に義昭が上洛するために織田信長が出陣するので、地域の武士たちに協力を依頼した書状であった。しかしこの作戦は実行直前に近江の六角義賢が裏切って実現せず、結局、書状も出されなかった。

同じ紙のもう一方の面には、『針薬方・独見集』という医術書を記していた。つまり出さずに反故《ほご》になった書状の裏面を利用したとわかる。そしてこの医術書の奥書には「右一部、明智十兵衛尉《じゅうべえのじょう》　高嶋田中籠城之時　口伝也」とあって、越前朝倉家に伝わった傷薬「セイソ散」を田中城で籠城中の明智光秀が（沼田勘解由《かげゆ》左衛門尉《ざえもんのじょう》に）教えたとわかる。光秀の動静を確認できる最古の史料である。

近江守護の六角氏が敵の三好方についたので、義昭たちは南近江から緊急脱出して、若狭の武田氏のもとへ避難した。反故紙に医術書を記したのは同年一〇月二〇日、光秀が田中城に籠城したのは八月末の六角氏の裏切りから一〇月までのある期間と絞り込める。このとき田中城は、義昭たちの交通路を確保し、北進する三好・六角連合軍を食い止める重要な役割を負ったと思われる。

田中城が所在した山にはもともと比叡山末寺《ひえいざんまつじ》の松蓋寺《しょうがいじ》があり、山を大規模に削平《さくへい》して塔頭《たっちゅう》が立ち並んだ壮大な山の寺を構成していた。その山の寺を室町時代に田中氏が山城に転用したのが田中城だった。そのため、基本は山岳寺院であり、広い平場は複数あっても山城としてのつくりには弱点も多かった。

現地を探険してみると、田中城には山麓から城内へ進む大手道を平場と組み合わせて屈曲させ、左右から防衛した最小の工事で最大の効果をねらった改修を発見できる。下級武士なのに医術の心得もあって頭角を現しつつあった光秀も、そうした改修には一家言あったに違いない。田中城は運命を切り開こうと奮闘した無名時代の光秀に会える城だと思う。

坂本城

光秀、琵琶湖畔の最先端の城で畿内の流通を掌握

一五六六(永禄九)年の田中城での奮戦のわずか四年後。一五七〇(元亀元)年に明智光秀は将軍足利義昭に仕えつつ、織田信長にも従う有力武将として記録に現れる。この年、

坂本城本丸があった琵琶湖岸。湖底に石垣（点線）が並んでいる＝筆者撮影

光秀は反信長勢力との戦いの最前線に身を置いていた。

　同年八月、信長は畿内を押さえるため大坂に出陣し、三好三人衆（三好長逸《ながゆき》・三好宗《そう》渭《い》・岩成友通《いわなりともみち》）を追い詰めていた。その最中の九月、大坂本願寺《ほんがんじ》の宗主顕如《けんにょ》は信長と戦わない者は門徒ではないと檄文《げきぶん》を発して決起した。するとこれに連動して西近江に浅井・朝倉連合軍が進出し、比叡山の寺域内に砦を築き、信長が押さえていた大津・坂本に迫った。

　大津市周辺の信長の軍事拠点は大津市の宇《う》佐《さ》山《やま》城だった。城主は森蘭丸《もりらんまる》の父可成《よしなり》で、可成は勇猛な武将として名高かった。宇佐山城は山城で琵琶湖から距離があった。その隙《すき》を突いて浅井・朝倉連合軍は港を襲って水運を麻痺《まひ》させ、物資を奪おうとした。可成は山城を出て戦って敵の攻勢を退けたが、その戦いで討死してしまった。

城主を失っても耐えていた宇佐山城に信長は大坂から駆けつけて入城し、浅井・朝倉連合軍の南下を食い止めたが、多方面からの同時攻撃で城に釘付けになった。光秀はこのとき朝倉・浅井連合軍が比叡山から駆け下りて京都に進攻するのを防ぐため、京都市の勝軍《しょうぐん》山《やま》城を守備した。光秀は首都防衛の重要な役割を担った。

その後の膠着《こうちゃく》状態を一二月に足利義昭の調停で脱した信長は、光秀を宇佐山城主に任じた。光秀は翌年から琵琶湖に面した坂本城の築城を開始した。琵琶湖の水運を直接掌握し、経済・流通の要になる城を光秀は築いた。ただし、坂本城の遺構はほとんど残らず、本丸は二〇二二年現在、ある企業の研修施設の敷地になっている。

そして、敷地から琵琶湖を眺めると湖底に沈む光秀時代の石垣が見られる。船入《ふないり》跡も確認できて水城《みずじろ》を体感できる。光秀は軟弱な地盤で石垣が不等沈下しないように、胴木《どうぎ》と呼ぶ木の基礎を用いて石垣を築いた。坂本城は大天守、小天守を備えただけでなく、最先端の石垣技術の城だった。

鹿背山城

興福寺の僧、松永久秀の城に逃げ込んだわけ

京都府木津《きづ》川市の鹿背山《かせやま》は、七四〇（天平一二）年から七四四（天平一六）年に聖武《しょうむ》天皇がつくった恭仁《くに》京の、右京と左京とを分けた丘陵の中心に位置した。恭仁京の廃都後に「みもろつく鹿背山の際《ま》に咲く花の色めづらしく百鳥《ももとり》の声なつかしき」と詠《よ》んだ歌を『万《まん》葉集《ようしゅう》』が採録したように、鹿背山は恭仁京を想起させる象徴的な山だった。そうしたみやびな来歴をもった鹿背山だが、室町時代から戦国期の人はこの山の上に城を築いた。

一五世紀には奈良の興福寺が臨時の砦を鹿背山に築いたと『大乗院寺社雑事記《だいじょういんじしゃぞうじき》』の記述からうかがえる。鹿背山の山頂に立つと実感できるのだが、西側への眺望は抜群で、木津川の流れや川を渡る人とモノの動きを監視できる。つまり、いにしえの美しい山は大和・山城間の交通を掌握する軍事拠点へと変化した。

一五六八（永禄一一）年に、木津を訪ねた興福寺の僧が鹿背山城に逃げ込んだことを『多聞院日記《たもんいんにっき》』は記している。この七年前の一五六一（永禄四）年から、松永久秀は奈良市に多聞城を築いて、大和だけでなく木津川北岸の京都府側まで勢力を広げていた。だから、この頃の鹿背山城はもう興福寺の城ではなく、久秀の多聞城の支城として機能してい

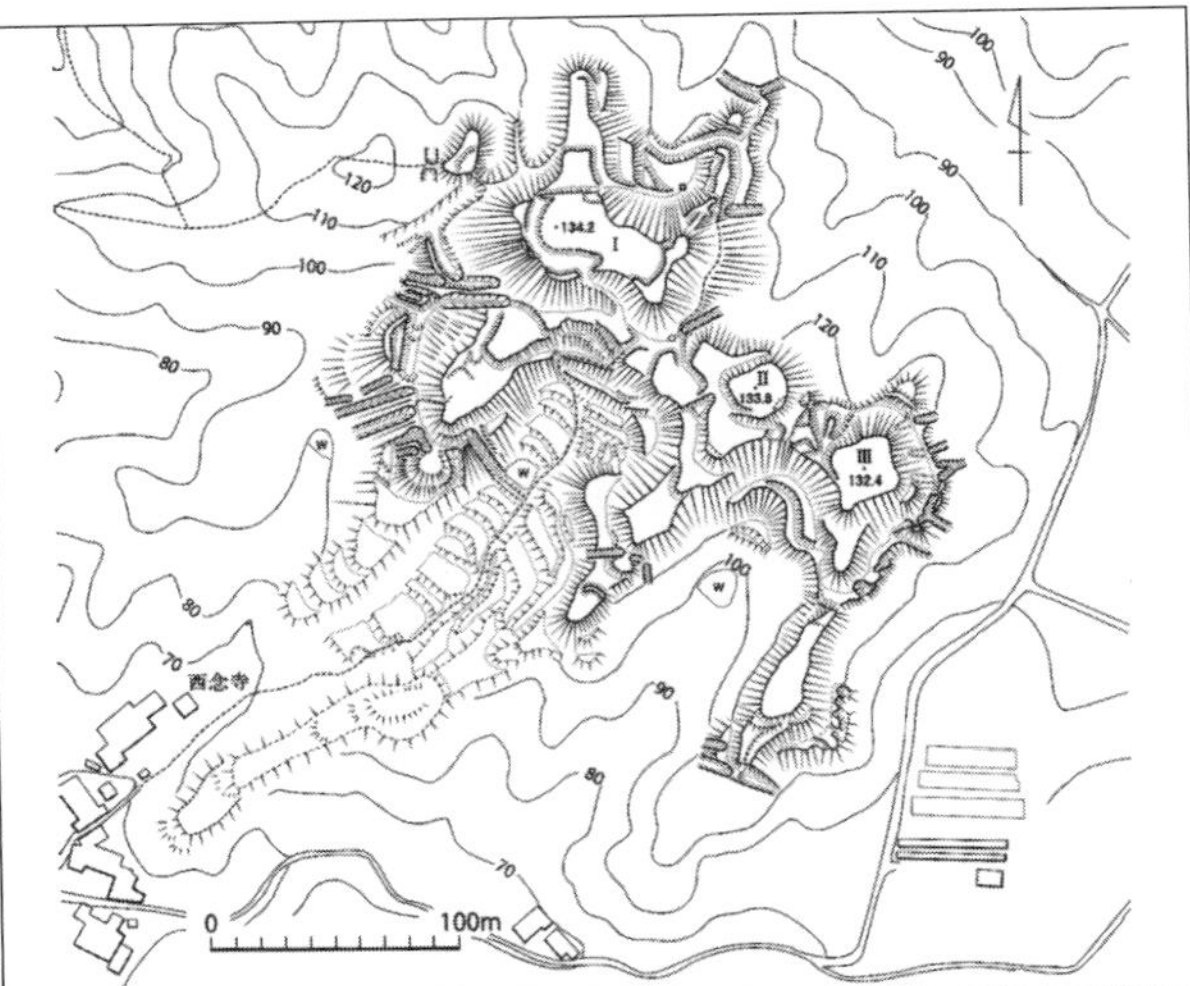

上、鹿背山城＝筆者作図
下、鹿背山城の畝状空堀群を体感＝筆者撮影

た。そして、興福寺の僧が久秀の鹿背山城に避難したというのだから、興福寺は大和の支配権を奪おうとしていた久秀と敵対するだけでなく、久秀を認めて現実的に対応し、利用もしたとわかる。興福寺の対処方法は興味深い。

鹿背山城は自然を活かした環境整備を行っていて、気持ちよく戦国の城を体感できる。山の中腹にある西念寺《さいねんじ》を越えたあたりから山城の遺構がはじまり、山の斜面には畝状空堀群と呼ぶ、竪堀と竪土塁を並べ築《い》いた戦国期特有の防御施設が見られる。さらに登った本丸の出入り口は道を屈曲させた内枡形《うちますがた》にしていた。ただし、内枡形といっても建築物としての門や柵は残っていないので、見られるのは地面の凸凹だけだが、お城好きにはたまらない観察ポイントである。

ところで、先にふれた鹿背山城の畝状空堀群を最初に発見したのは、いまから三〇年以上も前の大学一年生の私だった。当時、新聞に「お手柄少年」として紹介された。私にとっての鹿背山は、新聞デビューの青春の城である。

勝龍寺城

藤孝と光秀、瓦紋様の型を共有する親密ぶり

京都府長岡京市にある勝龍寺《しょうりゅうじ》城は細川藤孝、忠興ゆかりの城であり、戦国期の平城として貴重な事例である。藤孝は足利将軍家を支え、三好氏と松永久通が第一三代将軍足利義輝を討つと、義輝の弟の覚慶（のちの義昭）を守って戦った。藤孝たちの努力が実って義昭は、織田信長の援助を得て一五六八（永禄一一）年に上洛し、第一五代将軍の座についた。ところが義昭と信長との間には次第に政治的対立が生じ、藤孝は信長を選んだ。

信長は一五七一（元亀二）年一〇月一四日に勝龍寺城を藤孝に与え、周辺住民を動員した大規模改修を行う権限を与えた。この地は京都と西国とを結んだ西国街道《さいごくかいどう》と、桂《かつら》川、宇《う》治《じ》川、木津川が交差した要地で、畿内における信長の拠点になった。

現在は本丸など中心部の一部と、本丸の北東にある神足神社《こうたりじんじゃ》に外郭が部分的に残る勝龍寺城だが、藤孝が整備した勝龍寺城の規模は南北五〇〇メートル、東西四〇〇メートルにおよんでいた。本丸の周囲には半独立的な館城が立ち並び、それらと町屋をすべて囲んだ都市囲郭《いかく》、惣構《そうがま》えをめぐらした。城下には西国街道を引き込んでいたから、さぞやにぎわったに違いない。

勝龍寺城の本丸全景＝筆者撮影

藤孝のもとには無名時代の明智光秀も仕えたことがあったと伝えられるが、この頃光秀はすでに信長の有力家臣として異例の出世をはじめていた。同じく一五七一年に光秀は近江に坂本築城を開始していた。藤孝にしてみれば、はるか格下だった光秀が同格になってきたのだから、心中は複雑だったとしてもおかしくない。しかし勝龍寺城と坂本城の発掘で、同じ紋様の型を用いた「同笵瓦《どうはんがわら》」を見つけていて、二人は協力し合う仲だったと城郭考古学的にわかる。藤孝は光秀の出世をねたむような人物ではなかった。

一五七八（天正六）年八月、信長は藤孝と光秀に対し、嫡男《ちゃくなん》の忠興と光秀の娘の玉（のちの細川ガラシャ）の縁談をもちかけた。細川家の記録『綿考輯録《めんこうしゅうろく》』によれば、信長は忠興を「器量に秀《ひい》で、勝ちを志すことに抜群で、将来は武門の棟梁《とうりょう》になる人物」と推薦したという。縁談は順調に整い、その月のうちに玉は勝龍寺城に輿入《こしい》れして、新婚生活を送った。二人には勝龍寺城での楽しい思い出が、たくさんあったに違いない。

小牧山城

信長、この城から天下人を目指す

小牧山城（愛知県小牧市）は一五六三（永禄六）年から織田信長が本拠にした城である。一五六七（永禄一〇）年に信長は岐阜城を斎藤氏から奪取して新たな居城とし、翌六八年に岐阜城から足利義昭を助けて上洛。義昭を将軍にした。だから小牧山城は信長が尾張を統一した段階の城で、天下国家（少なくとも畿内とその周辺の政治）を考えたり関与したりする前のものというのが、これまでの理解だった。ところが近年の研究で、そうした認識は大きく改められた。

一五六五（永禄八）年に義昭側近の細川藤孝に対して「すでに度々御請《たびたびおう》けしたように、上意次第ですぐに義昭のお伴《とも》をする覚悟」であると信長は伝えた。そして翌六六年に義昭側近の三淵藤英らは「義昭上洛のために信長が参陣するので、義昭に忠節を尽くすよう

発掘された小牧山城本丸帯曲輪の玉石敷き。山城に雅（みやび）さを加えている＝筆者撮影

に」と伊賀や山城の武士たちに一斉に要請しようとした。信長は敵対した斎藤氏が治める美濃を避けて、小牧山城から伊勢―近江―京都のルートで上洛する計画だった。

つまり小牧山城主の信長は、これまで知られていたよりも二年も早く、義昭を助けて天下国家に関わろうとしていた。そしてこのとき近江の守護六角氏が義昭陣営から離反しなければ、信長の上洛は実行されたに違いない。小牧山城は信長にとって、尾張を統一した拠点の城であっただけでなく、天下国家に関わる武将になろうとした転機の城であった。

そうした小牧山城の発掘で二〇二一年に大きな成果があった。山頂の本丸をとりまいた帯曲輪《おびぐるわ》に厳選した玉石《たまいし》を敷き詰めていたのが判明した。小牧山は岩山なので角礫《かくれき》は山の中で採れたが、石敷きはわざわざ河川で採集した円礫《えんれき》だけを運んで用いていた。信長のこだわりを実感する。城の玉石敷きは、豊臣秀吉が築いた石垣山城（神奈川県小田原市）、肥前名護屋《なごや》城の本丸御殿（佐賀県唐津市）でも見つかっていて、小牧山城の中心部が信長の御殿空間であったのを証明する。

先に紹介した藤孝への書状で信長は「すでに度々御請けしたように」と記したから、義昭側近と何度も接触していたとわかる。玉石敷きは園池（ただし山頂部なので枯山水）の一部であった可能性があり、信長は無骨《ぶこつ》な山城に武家儀礼に則った洗練さを加えようとしたとわかる。もしかしたら明智光秀が義昭から信長への使者を務めて、この玉石敷きを見ていたのではないかと、想像は尽きない。

2　信長の天下布武、城の構造はどう変化したか

岐阜城

移住者への大胆なインセンティブでV字回復、信長の楽市令

織田信長は一五六七（永禄一〇）年に斎藤氏を追って稲葉山《いなばやま》城を手に入れた。そして、城と町の名を岐阜と改め本拠の振興に努めた。斎藤氏との戦いで城下は疲弊しており、町の活性化は急務。そのとき信長が実行したのが「楽市令《らくいちれい》」だった。信長は城下の市町《いちまち》に一五六七年と六八年に「楽市令」を発布した。

戦国大名が市町を「楽市」とした事例は全国にあった。だから、信長の岐阜城下の「楽市令」も一般的なものに見えるかもしれない。しかし、実は信長の「楽市令」は戦略的で特別な政策だった。ほかの大名は市日に限って保護や保証を与えた。それに対し信長は、人びとが保護や特権を得るためのたったひとつの条件を「楽市令」に加えていた。

それが「この町に引っ越して住んだら」という条件だった。つまり、市の日だけに人が集まる市場は住むことを前提としないから、なかなか都市に発展しない。しかし、定住を前提に特権を保証すれば都市の復興と発展が促進できる、と信長は考えたのである。信長が商人や職人の定住と引き換えに認めたのは、自由な売買と治安維持、信長の領国内の関所無料、家屋の固定資産税無料、商売に関わる税金無料、臨時税金の免除だった。

つまり住めば、規制緩和で自由に商売できて無税。高速道路も無料。私は信長の城下に

信長が「楽市令」を発布した岐阜城下の市町にあった櫼森神社＝筆者撮影

ぜひ引っ越したい。そして信長の政策は大当たりし、岐阜の市町を訪れたイエズス会の宣教師ルイス・フロイスは、まるで伝説のバビロンのようなにぎわいと記した。危機からの復興にはお金がかかる。税を減じて経済をV字回復させた信長に、いまも学ぶことがあるのではないか。

ところで岐阜市は岐阜城と関連した文化財を二〇一五年に『信長公のおもてなし』が息づく戦国城下町・岐阜」として日本遺産に登録した。しかし二〇二一年七月に文化庁は、初期に登録した全国の日本遺産の中で岐阜市の取り組みを、認定取り消しもあり得る最低評価とし、活用計画の再提出を求めた。「『信長公のおもてなし』が息づく戦国城下町・岐阜」は、そもそも発掘した山麓庭園の滝や池の解釈に恣《し》意《い》的な部分があって問題が多い。文化財を観光に活《い》かすのは賛成だが、学術成果をまげて聞こえのよいストーリーをつくるのは適切とはいえない。

二条城

信長築城の武家御城、側面防御の張り出し

二条城といえば、書院建築の代表的な建物のひとつである。城内に残る二の丸御殿は国宝に指定され、この二条城は一六〇二（慶長七）年から徳川家康が工事をはじめ、一六二六（寛永三）年の後水尾《ごみずのお》天皇の行幸に合わせて徳川秀忠・家光がいまの姿に改修した城だが、実はこの前にいくつもの二条城があった。

最初の二条城は一五六九（永禄一二）年に織田信長が将軍足利義昭のために築いた「武家御城《おしろ》」だった。この城は現在の京都御苑《ぎょえん》の南西部分から烏丸通《からすまどおり》を越えて西へ広がり、一辺およそ四〇〇メートルの規模だった。京都市営地下鉄烏丸線敷設の事前発掘で石垣や堀を発見し、その後も周辺の開発に伴って関連した堀などを発見している。

京都市は断片的な発掘調査成果から、本丸を中心にして三重の堀をめぐらした階層的な二条城の姿を想定している。しかし、当時の城のかたちから考えるとこの復元には無理が

現在の二条城内に移設した義昭の二条城石垣＝筆者撮影

ある。武家御城が石垣と堀をめぐらしていたのは間違いないが、すべての石垣と堀を、本丸を頂点にして階層的に配置していたとするのは、まるで近世城郭をイメージしたようで適切ではない。

義昭の二条城は、それぞれの屋敷が個別に石垣と堀をめぐらせた分立的な館城群がゆるやかに本丸の周囲に集まっていた、というのが本当の姿だと思う。こうした姿なら、同時代の日本各地の守護の館城にいくつもの類例を見いだせる。

また、二条城を実見した公家、山科言継《やましなときつぐ》が『言継卿記』で「だし」と呼んだ施設を、京都市が「出丸」と理解したのも賛成できない。「だし」は、イエズス会宣教師がキリスト教布教のために編纂《へんさん》したポルトガル語の日本語辞書『日葡辞書《にっぽ》』が「張り出したところ」「城の少し外側につくられた堅固な場所」と記した。つまり、城の城壁が外側へ張り出したところを「だし」と呼んだのである。

城壁の張り出しは、敵の側面に弓矢や鉄砲を発射した「横矢《よこや》の張り出し」や外側に突出した櫓台《やぐらだい》のように、各地の城跡で認められる。義昭の二条城は要所の城壁を張り出して、守りを強化していたと解釈するのが穏当である。実際の義昭の二条城の発掘でも、意図して堀を屈曲させていた部分を見つけていて、考古学的成果とも一致する。徳川二条城と京都御苑内では、発掘で見つかった義昭の二条城石垣の一部を移設展示している。

勝龍寺城

御殿の機能をもつ天主の出現

さて1節でも紹介した勝龍寺城をここで再び紹介しよう。京都府長岡京市が行った発掘により、城の本丸は水堀とともに石垣の城壁をめぐらしていたとわかった。本丸周囲石垣は幅の広い石塁となり、強い防御力を備えた。

発掘成果を分析し直すと、勝龍寺城の石垣は三～四メートルほどの石垣をセットバック

勝龍寺城の「だし」から見た本丸の堀。堀を渡る者の側面に防射できた＝筆者撮影

して積んだ段石垣だったとわかる。石垣の段は防御上の弱点になる可能性があったが、段をまたいで建てた懸造《かけづくり》の櫓や御殿によって、段を有効活用していたと考えられる。また石垣の枡形《ますがた》も設けて敵の突入を阻止した。先に記した義昭の二条城（「武家御城」）について「石垣三重」にあったという公家の日記の記述を、三重に城壁をめぐらしたと解釈してきた従来の説も誤りで、三つの段から成る段石垣をめぐらしていたとしなくてはいけない。

そして本丸の南西隅は、堀に対して大きく張り出した特別な櫓台になっていた。城壁の一部が外側に張り出したことで、堀を渡って攻めてくる敵に対して正面だけでなく、側面からも防射できるようにした「横矢掛け」であった。前項でもふれたように、こうした横矢の張り出しを当時「だし」と呼んだ。「だし」を備えた勝龍寺城の防御は、信長が将軍義昭のためにつくった京都の「武家御城」に匹敵した強固なものだった。

そして勝龍寺城には天主も建っていた。二〇一九年にふるさとミュージアム山城が開催した特別展には、歴史学者の竹中友里代さんが調査された、連歌師の里村紹巴《さとむらじょうは》の書状「紹巴評点　高好付句、紹巴書状」が出陳された。書状には勝龍寺城の「御天主、御両吟御興行候」と記されていた（ふるさとミュージアム山城編『特別展光秀と幽斎』二〇一九年）。天主で連歌を行ったのは一五七三（元亀四）年と比定されている。

勝龍寺城に建った天主はどんな建物だったのか。連歌会《れんがえ》を行ったことからわかるように、この建物は御殿的な機能をもち、のちの近世天守とは異なる建物であったと考えるべきだと私は思う。勝龍寺城は安土城天主成立の謎を解く、たいへん大きな手がかりである。さらに信長が津田宗及《つだそうぎゅう》を招いて開いた茶会のようすを見よう。

豪商津田宗及をもてなす光秀・信長

織田信長や明智光秀は、天下統一のために戦いの日々をすごしたが、茶道にかけた情熱もすごかった。信長・光秀と親交が深かった堺の豪商津田宗及は、著名な茶人であり、武将の茶会や振る舞いに頻繁に招かれた。そのようすは宗及が記した「他所之茶湯留」などによって知られる。

一五八一（天正九）年正月一〇日に坂本城で光秀が催した茶会では、床の軸に「定家《ていか》色紙《しきし》　あはじしまの歌也」を掛けた。定家の淡路島の歌であれば、百人一首にも収められた「こぬ人をまつほの浦の夕なぎに　焼くや藻塩の身もこがれつつ」であっただろうか。

四月に宗及は光秀の与力《よりき》大名の一人、細川藤孝の居城である宮津《みやづ》城を訪ねた。その道々で宗及は光秀が指示した行き届いた接待を受け、宮津城では別に到着していた光秀とともに藤孝嫡男・忠興の振る舞いを受けた。参加者は藤孝・忠興親子に、光秀親子三人、連歌師の里村紹巴、宗及だった。

細川家のおもてなし料理は、「本膳七ツ、二膳五ツ、三膳五ツ、四膳三ツ、五膳三ツ、引物二色、菓子、むすび花にてかざり十一種」という武家儀礼にかなった豪華なものだっ

安土城二の丸（本来は詰丸〈つめのまる〉）の石垣。当時は石垣の奥に信長の天主が見えていた＝筆者撮影

た。その後、飾り船に乗って天橋立《あまのはしだて》を見学し、連歌会を行った。

その年の暮れ、一二月二九日に宗及は「歳《さい》暮《ぼ》の御礼」のために安土城を訪ねて信長に会い、馬の櫛《くし》を進上した。櫛の調子はとてもよく、信長は上機嫌だった。そして一五八二（天正一〇）年元旦に信長は一門、有力家臣、従者など安土に暮らす人びとを中心に安土城本丸ツアーに招待した。宗及は再度登城し、「鳥目《ちょうもく》十疋」つまり銭一〇〇文をひもで「さし」にしたものを信長に直接手渡して、安土城中心部の有料見学会に参加した。この会で信長が特別公開したのは正親町《おおぎまち》天皇の行幸のために建てた「御幸《ごこう／みゆき》之間」で、光秀は一番に見学したという。信長は光秀を決して粗略に扱っていなかった。

その六日後、正月七日に光秀がおそらく坂本城で主催した茶会では、光秀は床に「上様之御自筆之御書」を掛けた。この場合、上様といえば信長であり、光秀は床に信長の書の軸を掛けて敬意を表した。この半年後に信長に謀反《むほん》して殺害した人とは思えない。しかし六月二日に光秀は本能寺の変を起こし、同日の書状で信長を「悪逆天下之妨《さまたげ》」と罵倒した。人の心はなんと移ろいやすく、理解するのが難しいのだろう。

浜松城

将軍上洛で変化する地政学

静岡県浜松市の浜松城は徳川家康の城として人気である。一五六〇（永禄三）年の桶狭《おけはざ》間《ま》の戦いで今川義元《いまがわよしもと》が討死すると、家康は今川氏から独立して三河（愛知県東部）の平定を進めた。そして、織田信長と同盟を結んで領国西側の安全を確保。東に広がる今川領へ領地を広げる方針を固めた。一五六八（永禄一一）年、信長は足利義昭を将軍にするため上洛を果たし、家康は遠江《とおとうみ》（静岡県西部）への進攻を開始した。

翌一五六九年、家康は岡崎城（愛知県岡崎市）を嫡男信康《のぶやす》に譲り、遠江に居城を移す決

上、浜松城の天守曲輪＝筆者撮影
下、1958（昭和33）年に市民の寄付で建てられた浜松城復興天守＝筆者撮影

断をした。当初、家康は見付城《みつけ》（静岡県磐田市）を選んだが、信長のアドバイスに従って、武田信玄との戦いに備えて天竜川を防衛線にできる引間《ひくま》を適地と城の場所を改めた。そして、家康はこの城を浜松城と名付けた。いまにつづく浜松市の直接の起源は、家康にあった。

家康が岡崎城から浜松城へ居城を移転したことはよく知られている。しかし、この家康の選択はもっと評価されるべきだと思う。若き日の家康が従った今川義元は、西へ領国を広げても本拠の静岡市今川館《いまがわやかた》は動かさなかった。家康がその後戦った武田信玄は、どれだけ領国が大きくなっても本拠の躑躅ヶ崎館《つつじがさきやかた》（山梨県甲府市）は不変だった。つまり、当時は成功しても本拠は動かないのが常識だった。

現在でも、業務が拡大したり、営業環境が変わったりしても、昔の仕組みをつづけている会社や組織に、誰もが心当たりがあると思う。昔のやり方で成果を出した成功体験があるから、会社も組織もますます変われなくなる。成功して、なお高みを目指して変わる挑戦はそれほど難しい。しかし人や会社・組織をとりまく環境は刻々と変化する。昨日の正解が、明日の正解であるとは限らない。

電話もインターネットも、鉄道も自動車もなかった家康の時代、すばやく情報をつかみ、軍勢を効率的に移動させるには、本拠の移転が最適解だった。もともとの本拠にこだわると、大きくなった領国境に軍勢を送るだけで、百キロ超もの移動が求められた。それにかかる時間も費用も莫大《ばくだい》で、勝てば勝つほどその負担は増えて、限界を超えると大名の領国経営は破綻《はたん》した。

家康がそうした武田家の失敗例を目撃したのは、はるかのちのことだった。だから浜松移転を選択した家康の先見性が光る。浜松は家康の挑戦しつづける意志を受け継ぐ街である。

小谷城・虎御前山城

浅井・朝倉連合、なぜ崩れたか

滋賀県長浜市にある小谷城は、湖北を拠点にした戦国大名浅井氏の城であった。小谷城に登れば西には琵琶湖に浮かぶ竹生島《ちくぶしま》、はるか南東には伊吹山を望む雄大な景色が広がる。浅井氏時代は当時の北国街道《ほっこくかいどう》を小谷城麓の城下に引き込んで、街道による物流を直接把握した。

また、琵琶湖の水運は、日本海海運によって結ばれた列島規模の交易ネットワークとつながって、日本屈指の物流の動脈だった。船で福井県の敦賀《つるが》に集まった物資は、陸路を経て琵琶湖北端の港の塩津《しおつ》港に到達し、琵琶湖水運によって京都へ運ばれた。浅井氏は小谷城だけでなく、琵琶湖に接した長浜市の山本山《やまもとやま》城や、内湖によって琵琶湖に直結していた滋賀県彦根市の佐和山《さわやま》城などによって、琵琶湖水運を掌握しようとした。

つまり、浅井氏の力は田畑だけでなく琵琶湖の水運にあった。しかし、そうした琵琶湖の水運をめぐる権益は、古代以来の比叡山や、峠の向こうの越前を治めた戦国大名朝倉氏との連携やバランスによって成り立っていた。特に越前の朝倉氏と近江の浅井氏は、流通における川上・川下の関係にあった。

そうした浅井氏を織田信長は味方にするため、妹のお市の方を浅井長政に嫁がせた。岐阜城を拠点にした信長は、岐阜・京都間の交通路を確保する必要があったからである。

ところが、一五七〇（元亀元）年に信長が朝倉義景を電撃的に攻撃し、長政が信長と断交したため、浅井氏と織田氏の同盟は崩壊した。浅井長政は長年の信頼関係で結ばれた義景を助けて信長と戦う選択をした。1節で見たように、浅井と朝倉両氏が強固な信頼関係にあったことは小谷城からもよくわかる。

信長は徳川家康の援軍を得て浅井・朝倉連合軍と激突した。この姉川《あねがわ》の戦いに敗れた長

上、小谷城からの眺め。右端の山が山本山城。琵琶湖に浮かぶ竹生島も見える。正面左側の山は小谷城を攻めるために信長が築いた虎御前山城＝筆者撮影
下、小谷城本丸出入り口と石垣＝筆者撮影

小谷城本丸背後の巨大な堀切り。強い防御力をもったが城域を分断して連携を阻んだ。幅は堀底で14メートルもあった＝筆者撮影

政は、比叡山などと連携して対抗したが、一五七一（元亀二）年には佐和山城を信長に奪われ、比叡山も焼き打ちされてしまった。翌七二（元亀三）年、信長は小谷城の目の前にある虎御前《とらごぜ》山に砦を築き、羽柴秀吉を城将として迫った。

一五七三（天正元）年、小谷城の西側にあり、琵琶湖との間を守って搬入路を確保していた山本山城（長浜市）が織田方に落ち、小谷城は完全に孤立した。信長は即座に出陣して虎御前山城に入った。義景も長政救援のために出陣した。八月一二日の夜、大雨の中を信長は自ら朝倉軍が守備した大嶽城を急襲して攻め落とした。織田軍はそのまま越前まで攻め込み、八月二〇日に義景は自害して朝倉

虎御前山城の信長本陣。周囲を人工急斜面の切岸で守った＝筆者撮影

氏は滅んだ。

　越前からとって返した織田軍は、秀吉を先陣として小谷城に攻め寄せた。東側尾根の主要な城域はこのときまだ無傷だった。南北に八〇〇メートルにもわたって曲輪が連なった小谷城主要部の曲輪を麓から順々に攻めれば、織田軍に甚大な被害が出る。そこで秀吉は急斜面をよじ登り、長く延びた城域の中央を横から攻めて、長政と父の久政を分断した。

　小谷城は尾根筋を攻め登ってくる敵を撃退するため、本丸の背後にも巨大な堀切りを設けた。しかし、その巨大な堀に阻まれて、秀吉の猛攻を受ける父を長政は救援できなかった。巨大であっても分立的な構造の城では守りに限界があったのである。久政の自刃後、長政は本丸から出撃して反撃したが、ついに城内の赤尾屋敷《あかお》で自害した。落城前にお市の方と子供の茶々《ちゃちゃ》、初《はつ》、江《ごう》は城から脱出した。この三姉妹は、のちに大きな歴史的役割を果たすことになる。

浅井長政と織田信長が激突した小谷城は、長く語り継がれる籠城戦・攻城戦の舞台になった。浅井氏と朝倉氏が技術を駆使して守りのくふうを凝らした小谷城は、国史跡として地域の方々が守ってきた。建物は復元していないが、崩れた石垣をたどり、木々の間に広がる眺望に想いをめぐらすのが、小谷城の歩き方としてふさわしいと思う。

そして小谷城だけでも魅力的な山城だが、この小谷城を攻めた織田信長や羽柴秀吉を感じられるのが、信長が一五七二（元亀三）年に築いた滋賀県長浜市の虎御前山城である。この城は小谷城から北陸自動車道を挟んだすぐ南側にあって、両城の先端に立てばお互いの姿を目視できるほど接近していた。この城は小谷城を包囲した「付城《つけじろ》」だが、これほど接した付城は稀《まれ》である。長政を追い詰めた信長の執念を感じる。

虎御前山城の城将を務めた羽柴秀吉は、小谷城に最も近い最前線の曲輪を受け持ち、小谷城に向いた曲輪に沿って長く延びた横堀をめぐらした。これほど追い詰められても長政は虎御前山城を攻めており、この横堀は見せかけではなく本当に戦いで機能した。小谷城攻めをまかされた秀吉は、必死の思いで虎御前山城にいたのだ。

信長の本陣は城内の最高所にあり、信長本陣の石柱が立つ。臨時の砦であったが、本陣は周囲を人工急斜面の切岸《きりぎし》で防御し、城道の屈曲と広場を組み合わせた高度な出入り口である枡形を備えた。信長本陣は独立した構造になっていて、明らかに特別な空間だった。信長と秀吉は虎御前山城から小谷城を見ていたのだが、二人が見た景色は少し違っていたように思う。

福知山城

持続可能な動員を目指した「光秀軍法」

明智光秀は織田信長に仕え、信長の天下統一に尽力した武将だった。出身は美濃（岐阜県）とも近江（滋賀県）ともいわれ、生まれた年にも諸説ある。つまり、確実な史料では前半生が明らかにできず、名門の出身だったとは思えない。光秀本人も自身の若い頃を「瓦礫《がれき》のように深く沈んだ身の上」と述べた（「明智光秀家中軍法《あけちみつひでかちゅうぐんぽう》」）。

中世は一般に、個人の能力よりもどこの誰であるかを重視しがちだった。そうしたなかで、どこの誰かを問わず能力によって家臣を取り立てて活躍の場を与えた信長は、まさに戦国の「働き方改革」を実行した武将といえる。

上、福知山城の天守は復元したものだが、天守台石垣の原形は光秀時代にさかのぼる＝筆者撮影
下、福知山城天守台石垣の増築痕跡（石垣の中央に切れ目がある）＝筆者撮影

信長の家臣の中で、光秀と競うように業績を上げ、重臣に列した木下藤吉郎（羽柴秀吉）も出自ははっきりしなかった。主君が信長でなければ、光秀も秀吉もこれほどは活躍できなかっただろう。しかし、信長の「働き方改革」は苛烈《かれつ》を極めた。出自や家柄を問わなかった分、寝ないで働き、地方への転勤も単身赴任も受け入れた者だけが出世した。

滋賀県長浜市の小谷城攻めでは、激しい暴風雨の夜中に信長本人が出陣して敵を撃退した。合戦終了後、信長は出遅れた家臣たちの怠慢を厳しく責めた（『信長公記《しんちょうこうき》』巻六）。これではまるで台風の最中に出勤を迫るどこかの会社と同じではないか。信長の「働き方改革」はあまりに行きすぎていた。

光秀が築いた京都府福知山《ふくちやま》城は明治廃城後、復元運動がつづき、現在は一九八六年に復元した天守が立つ。天守内の資料館では、先に掲げた「明智光秀家中軍法」のレプリカを展示している。

この軍法は光秀によるもうひとつの「働き方改革」を物語って興味深い。光秀は家臣一人ひとりの石高に合わせて、どれだけの武器や兵員を合戦に準備するかを明確に定めた。つまり軍事動員の基準を明らかにして、家臣の働き過ぎを抑え、過剰動員で地域を疲弊させない持続可能な社会を目指したのだった。

城づくりにも光秀が家臣を尊重したようすは表れていて、光秀は信長の苛烈さとは異なる方法で新しい社会をつくろうとしていた。光秀が目指した社会が実現していたら、二一世紀の日本も違っていたように思う。

3　本能寺の変と信長・光秀・秀吉の城

安土城

家臣団、大工・絵師をもてなした信長

城の魅力をいかに増すか、各地の自治体が知恵を絞っている。園路を整え、堀や石垣を修理し、門や櫓を復元する取り組みが全国で盛んである。ただし、いずれも史実にもとづき、適切なバリアフリー化と両立することが大切だと思う。城を訪ねて歴史を感じる体験は多様性を備えたすべての人のものである。城の堀や石垣を守りながら、歴史体験を妨げてきた社会的障壁の解消を、私たちの時代に実現しようではないか。

安土城天主台。建物は失われたが、柱を支えた地下階の礎石が残る。この上に地下1階、地上6階の天主がそびえた＝筆者撮影

城を魅力的にするのは石垣や櫓の整備だけではない。各地で活躍する武将隊は、訪ねて楽しい城を実現する秘策といえる。愛知県名古屋市の名古屋城の「名古屋おもてなし武将隊」や、長野県上田市の上田城の「信州上田おもてなし武将隊」は有名で、徳川家康や真田《さな》信繁《だのぶしげ》が説明してくれ、演武までしてくれる。武将と出会って、城のリピーターになる方も多いと聞く。

そんなうれしい体験を四五〇年前に実現したのが、織田信長だった。信長は一五七六（天正四）年から安土城の建設をはじめ、一五七九（天正七）年から天主を使用した。ただし付帯工事はその後もつづいて、最終的に完成したのは大工棟梁の岡部《おかべ》又右衛門《またえもん》や障壁《しょうへき》画《が》を描いた狩野永徳《かのうえいとく》を招いて信長が慰労会を開催した一五八一（天正九）年九月頃と考えられる。この翌年六月に本能寺の変が起きたのだから、安土城は完成してから主要部焼失までわずか九カ月という短命さだった。

さて安土城が焼ける半年前、信長最後の正月になった一五八二（天正一〇）年元旦、信長は城の中心部を家臣に公開した。2節で津田宗及《つだそうぎゅう》が有料見学会に参加したことを紹介したが、御殿群を見学した家臣たちが本丸の出口に向かうと、信長本人が立っていて、一人一〇〇文の見学料を徴収した。一〇〇文を現代の貨幣価値に換算すると八千円ほど。ふだんは非公開の御殿群を見学できて、本物の信長に会えるイベントと考えれば、不当に高い料金とは思えない。それどころかいまなら全国の城ファン、信長ファンが殺到するだろう。私も駆けつけたい。

大名が居城を有料公開して、武将に会いに行ける城を実現したというのは、まさに空前絶後だった。城の魅力をいかに増すか、私たちは信長に負けている気がする。

安土城天主

安土城跡から何が学べるか

安土城は私の好きな城のひとつで、安土城天主が現存していたらどれほどよかったかと思う。安土城の天主跡を訪ねると、四五〇年前に信長が築いた天主の地下階（石蔵・穴蔵）と、地下階の柱を支えた礎石《そせき》が見られる。

今後、滋賀県は安土城の調査と整備を進める予定と聞くので、その進展に期待したい。滋賀県は二〇二六年の安土城築城四五〇年に向けて、安土城の「見える化」を進めている。昭和、平成とつづけた発掘調査の結果を整理し、天主が倒壊した場所などの発掘調査を新たに開始して大規模な石垣が見られるように樹木を伐採する予定だという（朝日新聞デジタル二〇二〇年一一月二五日付）。

ただし、二〇二〇年九月四日付朝日新聞滋賀版の記事によれば、滋賀県は安土城の「見える化」のため、天主の復元方法について広く意見を募り、二〇二〇年七月にWebアンケートを実施した。滋賀県が示した選択肢は、（1）本物の天主台の上に木造の原寸大の天主を建てる、（2）本物の天主台の上に天主の外観は忠実に復元しつつ、内部は利活用のために変更したものを「復元的整備」として建てる、（3）安土城とは別の場所に、史跡整備のルールや学術的制約を受けずに天主を自由に建てる、（4）デジタル技術を用い、VR（仮想現実）やAR（拡張現実）などの方法で仮想的に復元する、の四つ、および、その他の意見を募った。

しかし、(1)の史跡内の復元建物として天主を原位置に原寸大で建てるという選択肢は、安土城の場合、そもそも不可能だと思う。不可能なことを選べるように意見を募ってもよいか。実際には出せない料理をメニューに掲げたレストランになってはいないだろうか。

史跡内に復元建物を建てるには、きわめて厳格な学術的根拠と緻密《ちみつ》な考証が求められる。安土城天主の場合は、外観を示す確実な史料、建築構造がわかる設計図などの絵図、それらを裏付ける考古学的な発掘成果が揃《そろ》って、学術的に適切な復元設計が可能になる。それが求められる条件になる。

ところが安土城天主の確実な史料は『安土日記』『信長公記《しんちょうこうき》』が各階の柱数と部屋のようすを記しただけで、ほかによるべき史料がない。これでは建築構造も間取りも確定できない。発掘成果はあるが、天主台の石垣は上端部が崩れていて、天主台の規模を正確に把握することすら難しい。夢のない話で申し訳ないが、安土城天主を原位置、原寸大で復元できる可能性は皆無である。

織田信長が狩野永徳に描かせ、天正遣欧《けんおう》使節団に託してバチカンに渡った安土城と城下の屏風《びょうぶ》が見つかれば、天主が復元できると考えるのも間違っている。内部構造は引きつづ

空から見た安土城。矢印の小さな山が安土城で、左側に連なる大きな山が観音寺城。手前の田は信長の時代は琵琶湖の内湖だった＝筆者撮影

きわからないからである。また、県も意見募集にあたって公表した資料の中で「新たな資料が発見されるなど研究に進展がない限り、現時点では、（文化庁が示した復元の）『基準』をみたすことができません」と記す。やはりそう考えるしかない。

そして、まだ問題はある。たとえ根拠史料の問題が解決したとしても、文字どおり当時のままに天主を再建することはできない。なぜなら、耐震強度や耐火性能、防煙区画、排煙設備、二方向避難経路の確保、バリアフリー化など、現在の法が求める建築要件を信長の安土城天主は満たしていなかったからである。

仮に信長が建てたままに安土城天主を原位置に原寸大で復元したら、外から見るだけで誰も内に入れない建物になる。それを回避するには建築基準法が定めた性能と同等の、耐震性能、防火、避難の安全性などを何らかの方法で担保して、特定行政庁の建築審査会から建築基準法の適用除外の認定を得る必要がある。

そうして復元した安土城天主は、必然的に信長が建てた天主とは異なる部分が出てくる。だから文字どおり当時のままに天主を復元できると考えるのは、学術的根拠の不足だけでなく、実際の建築としても非現実的である。

天主の地下階（石蔵・穴蔵）と、地下階の柱を支えた礎石などの遺構は本物であるので、天主台上の原位置に原寸大で天主を再建するときにも天主台の石垣や礎石を守ることが求められる。現在の技術では、天主を原位置に原寸大で復元するとしたら、天主台に残る礎石は撤去するしかない。また、復元天主の耐震強度を確保するため、天主台内に建物を支える杭《くい》やコンクリート基礎を設置しなくてはならない。これらは本物の安土城天主台遺構を改変するだけでなく破壊する行為であり、遺構保存の原則に反してしまう。

さらに、天主台石垣は本能寺の変後に天主が焼けた熱にさらされて、石材が熱劣化した部分がある。強度が不足した石垣のまま天主の復元工事は進められない。だから、天主再建の前に天主台石垣を大きく解体して新石材に変えて積み直すことになる。貴重な天正期石垣が失われる学術的損失は大きい。天主の復元は負の側面をもつ。

滋賀県も意見募集にあたって公表した資料で「人が立入れるような公開施設として、安土城のような（中略）七階建ての木造建造物を当時の姿で遺跡の上に『復元』することは、天主台の内部を破壊し、コンクリート基礎やコンクリート杭で据える以外手立てがないと考えられ、現時点では（文化庁が示した復元の）『基準』を満たすことができません」と記している。

このように、滋賀県が掲げた信長の安土城天主をそのままに復元するという案は魅力的

上、安土城天主台石垣。上端部の石垣は崩れていて、天主を再建するには石垣の積み直しも必要になる＝筆者撮影
下、安土城天主台石垣。本能寺の変後の火災によって南西隅石は痛みが激しい＝筆者撮影

であるが、それは現実に選べる選択肢ではない。

しかし、滋賀県は天主を厳密に復元する案だけでなく、外観は史実に忠実に復元し、内部は利活用のために改変する「復元的整備」によって再現する選択肢も掲げている。従来の史跡における建物復元は、厳格な学術的根拠と緻密な復元考証を求めてきた。これに対し「復元的整備」による再現は、現存する史料にもとづいて研究と議論を尽くして復元設計した建物の学術的蓋然《がいぜん》性が高く、史跡の本質的価値の理解に資するのであれば、一〇〇パーセント史実に忠実でなくても、再現を認めるという文化庁の新基準である。

詳細な建築情報を欠く安土城天主では「復元的整備」による再現は、現実的な選択肢に見える。しかし現在知られている天主関連史料では、「復元的整備」による再現を行う根拠としても著しく不足している。このため再現した天主の学術的蓋然性を保てない。さらに「復元的整備」によって再現した天主においても、その前提として本物の遺構はしっかり保存しなければならない。ところが安土城天主を原位置に原寸大で建てれば、天主台と天主台石垣の改変と破壊は避けられない。

つまり新しい基準にもとづく「復元的整備」でも、安土城天主は学術的条件を満たせず、遺構保存の前提も達成できない。だから再び夢のない話で申し訳ないが、滋賀県が掲げる

石川県金沢市の金沢城河北門のスロープ。復元建物のバリアフリー化はすでに進んでいる＝筆者撮影

「復元的整備」も、現実的な選択にはなりえないのである。

ところで、滋賀県は「復元的整備」による天主再現の利点として、「『復元』ではできない便益施設やバリアフリーなどの機能を付加することができ」るとする（滋賀県「『幻の安土城』復元プロジェクト〜安土城『天主』復元の方向性と方法〜」）。しかし、この認識は明らかに間違っている。すでに、文化庁は史跡などの整備復元においてスロープやリフトの設置などのバリアフリー化を推進し、史跡の価値の保存と、高齢者や障害をもつ方などの移動や利便性・安全性の向上との両立を求めている。滋賀県は誤った認識を改めてほしい。

なお滋賀県は二〇二五年までにＡＲ（基壇

に合わせた実物大の高精細3DCGによる天主復元モデル）・VR（発掘調査成果などから仮想空間で天主を復元）を活用してデジタルでの見える化を実現する方針（滋賀県「デジタル技術を活用した「幻の安土城」見える化基本計画」、第三章〝「幻の安土城」見える化〟の基本理念https://www.pref.shiga.lg.jp/ippan/bunakasports/bunkazaihogo/324544.html）というが、近江八幡市もすでにVRの活用を進めており、重なる部分はどうするのか。県と市との調整が必要だろう。

周山城

本能寺の変直前、信長の御座所を準備していた光秀

明智光秀はいくつもの城を築いたが、光秀の居城は破却されたり近世城郭に改修されたりして、当時の姿はよくわからない。その中で京都市右京区の周山城《しゅうざん》は、光秀の城の謎を解く鍵を握っている。周山城へは、京都の市街地から国道162号を北上し「鳥獣戯画《ちょうじゅうぎが》」で有名な高山寺《こうざんじ》を越えて山間を進む。たどりついた京北周山町は山に囲まれた小さな町である。

光秀の居城であった大津市の坂本城や京都府亀岡市の亀山《かめやま》城は城と城下が一体化した流通と経済の中心だった。戦って敵を倒した後に「光秀が治めたから地域が栄えた」といわ

明智光秀が築いた周山城の全景。中央の山が城跡で、右下の麓から写真左端の尾根の頂部まで城が広がっていた＝筆者撮影

れるまちづくりを光秀は目指した。そうした築城方針から考えると、周山城の立地は不思議ではないか。

周山城は東西一・四キロにも達した本格的な山城で、光秀は一五八一（天正九）年八月に堺の豪商で当代一流の茶人であった津田宗及を招いて、十五夜の月見の宴を開いた（『津田宗及茶湯《ちゃのゆ》日記』）。宗及を歓待したのは本丸の天主と思われ、石垣を連ねた周山城には宴会や文芸活動にふさわしい室礼《しつらい》の光秀流天主が立っていた。

光秀が周山城の築城に着手した一五七九（天正七）年頃の状況を俯瞰《ふかん》してみよう。光秀が平定を進めた丹波、盟友の細川藤孝が治めた丹後の西に但馬（現在の兵庫県但馬地方）があった。但馬は信長と対立した毛利《もうり》輝元《てるもと》の領国で、両者の取り合いがつづいていた。そして一五七九年頃から織田が徐々に但馬を奪い、その西にある鳥取城が、織田と毛利の争点になった。一五八〇年には秀吉がいったん鳥取城を落としたが、毛利が奪還した。そこで一五八一年に信長が出陣して輝元と鳥取で決戦する計画が進んでいた。

こうした状況から考えると、光秀は京都から山陰ルートで鳥取へつながる要地、周山に城を築いて信長を迎え、織田軍の先頭に立って華々しく毛利と戦う未来を思い描いていたのが見えてくる。周山城は光秀が信長の「御座所《ござどころ》」になるよう心を尽くして築いた城だったのである。

しかし光秀の夢は実現しなかった。羽柴秀吉が瀬戸内側から長駆して但馬を平定し、鳥取城攻めを独力で成し遂げてしまったからである。秀吉に栄光をすべて取られた光秀の落胆は、察して余りある。本能寺の変一年前のこの出来事は、光秀がなぜ謀反したかの理由のひとつだと考えている。

近世城郭を受け入れず敗れた伊賀惣国一揆　柏原城

人生は選択の連続である。

柏原城をとりまく空堀。堀としては大きいが、城のかたちは館城に留まった＝筆者撮影

あのときあちらを選んでおけばとか、逆に変えなければよかったと思い返すことは誰でもあるだろう。たとえ、高い地位にあっても自分の力を発揮できず、誰かへの服従を強いられるなら、その日々をつづけるのではなく、変えるべきだと思う。

日々どうするかの選択を迫られるなかで、人も組織も改革が大切だとされる。改革がもたらす一層の効率化や権限の集中が、本当に人と社会のよりよい未来につながるのか不安に思う。そして戦国期も厳しい選択を人に迫った時代だった。

三重県名張市の柏原城《かしわら》は、一五八一（天正九）年の天正伊賀の乱において、伊賀《いが》惣国一揆《そうこくいっき》に結集した人びとが織田信長の大軍と戦って敗れた城である。現在の三重県、特に伊賀地方は、戦国期に村々の武士たちが一揆を結び、連合して政治を行った。このため伊賀地方には巨大な中世の城はなく、ほとんどが館に堀や土塁を加えた館城《やかたじろ》だった。

興味深いのは三重に進出した織田信長の子供、織田信雄《のぶかつ》や織田信孝《のぶたか》の初期の居城が館城の形式だったことである。その頃信長はすでに本格的な山城を築いており、信雄や信孝は地域の武士の館城に合わせて織田流の城を変えたとわかる。

しかし、信雄はのちに織田流の山城である丸山城を伊賀市に築こうとして、人びとに反発され、天正伊賀の乱を招いた。

いったんは織田軍を退けた一揆軍だったが、態勢を整えた織田軍を食い止められず、ついに柏原城に集結して最後の決戦に挑んだ。一揆軍の最終拠点だから、柏原城は軍事的な山城になっていると思ったが、堀などを強化しても柏原城は館城の姿に留《とど》まって、本格的な城にはなりきれなかった。

安土城を筆頭に近世城郭に向けた城の改革を推し進めた信長と、室町時代以来の館城を変えなかった一揆軍はあまりに対照的だった。それにしてもこの項は、改革の選択だけが正しいのかと歴史を通じて問うために書きはじめたのに、改革の意義を証明してしまった。

どうやら城の選択を間違えたらしい。

兵庫城

神戸市兵庫区中之島に、一二〇を超える店舗をもつイオンモール神戸南がある。新川運《しんかわ》河に面して海に近く、水運の便はたいへんよい。この場所にはもともと神戸市中央卸売市場の一部があったが、明治には最初の兵庫県庁が置かれ、江戸時代には幕府の遠国奉行のひとつ、兵庫奉行が兵庫陣屋あるいは兵庫勤番所を置いて兵庫津を統督した。

毛利攻めに向かう信長専用門を増築

豊臣秀吉の時代には、のちに関白になった豊臣秀次《ひでつぐ》の城があり、摂津支配の拠点だった。さらにさかのぼって織田信長の時代には、池田恒興《いけだつねおき》が兵庫津の支配のために、一五八一(天正九)年から兵庫城を築いた。つまりこの場所は、古代以来の日本を代表する港であった兵庫津を押さえた要の地で、江戸時代には魚棚町《うおたなちょう》などの町家が立ち並んだ。その店数は現在のイオンモールに劣らず、歴史的にこの場所は誠に商売繁盛の地であった。

その中心にあった兵庫城は、二〇一二年から一五年にかけて神戸市教育委員会が発掘して中心部の姿を明らかにした。そして兵庫城には信長時代の石垣がみごとに残るのを突き

発掘中の兵庫城本丸＝筆者撮影

とめた。城郭考古学の超一級の成果で、発掘した石垣を地下に保存するとともに、一部を復元して表示している。

兵庫城で見つかった天正期の石垣は、信長の安土城と同時代で、花崗岩《かこうがん》を切らずに積んだ野面《のづら》積みの石垣だった。その石垣には墓石などの石塔を多く用いて、石材が規格化する前の古い様相を示した。水に近い環境なので、石垣の下に敷いて石材の不等沈下を防いだ木材「胴木《どうぎ》」も次々と見つかり、石垣の構築方法を解明できた。

そして興味深いのは、天正期に兵庫城本丸の出入り口が二つ並ぶように改造していたことである。こうした出入り口の設計は、室町時代の格式の高い武家屋敷が、お殿様や貴人が通る正門と、その他大勢が通る通用門に分けて、館の正面に二つの門を並べ建てたのを踏まえており、特別な人物が兵庫城に入城するのをきっかけに改造した痕跡に違いない。

この改造は、一五八二（天正一〇）年、京都本能寺を発して毛利氏との決戦のため西に進軍する予定だった織田信長が臨時の御座所《ござどころ》として兵庫城を用いるためだったと私は推測している。この推理が正しければ、信長は、いまはイオンモールになっている兵庫城に泊まって、船で明石を目指す計画を立てていたのだろう。

3章
城で見る近世への胎動

石垣の城は全国に広まる（高知県 高知城）

1　賤ヶ岳の戦い

玄蕃尾城・別所山砦・東野山城

玄蕃尾築城が激突の引き金に

一五八二（天正一〇）年に起きた本能寺の変で、織田信長・信忠親子が自害し、明智光秀が山崎の戦い後に討たれると、新たな天下人の座を争う戦いがはじまった。関係者が集まった「清須《きよす》会議」で、表向きは信忠の子の三法師《さんぼうし》（のちの織田秀信《おだひでのぶ》）を立てて仲良くすると決めたのだが、戦いのカウントダウンは止まらなかった。

「清須会議」でうまく立ち回ったのは羽柴秀吉とされるが、北の庄城（福井県福井市）を居城にした柴田勝家《しばたかついえ》も着実な布石を打っていた。勝家は、信長の妹お市の方を妻にして後継者としての正統性を補強し、福井から京都を目指す途中に位置する長浜城（滋賀県長浜市）を手に入れて、畿内進出の橋頭堡《きょうとうほ》を確保した。

それに対して秀吉は、信長の葬儀を京都の大徳寺《だいとくじ》で強行し、勝家が雪によって動けない

玄蕃尾城本丸の土塁と横堀。奥に見えるのが天守相当の櫓台＝筆者撮影

のを見越して長浜城を攻めて奪還。勝家に味方した武将たちを各個撃破する軍事作戦を展開した。この状況に勝家は春を待ちかねて出陣。秀吉は賤ヶ岳《しずがたけ》（滋賀県長浜市）一帯に砦《とりで》を築き、北国街道《ほっこくかいどう》を封鎖して勝家の南下を阻止した。これが一五八三（天正一一）年に勝家と秀吉が激突した賤ヶ岳の戦いだった。

その賤ヶ岳の戦いで勝家が本陣にしたのが、福井県と滋賀県の県境にある標高四六〇メートルの内中尾山《うちなかおやま》に築いた玄蕃尾城《げんばおじょう》だった。現在は県道140号線の柳ヶ瀬《やながせ》トンネル脇の敦賀市側に小さな駐車場があって、そこから見学路をたどって訪ねられる。

玄蕃尾城の本丸北東隅には天守に相当した櫓台《やぐらだい》があり、櫓台上には礎石が残る。本格的な建物があった証拠である。さらに曲輪《くるわ》の周囲に沿ってめぐらした堀「横堀」や、堀の対岸に出撃用の陣地を突出させた「馬出し」も観察される。玄蕃尾城は石垣をもたないが、本丸を頂点にみごとな求心構造を実現した当時最高水準の城だった。

さらに玄蕃尾城の本格的なつくりからは、勝家が清須会議後の早い時期に玄蕃尾城の築城に着手して、畿内進出の軍事拠点を整備したのが見えてくる。文字の記録にはないが、勝家の玄蕃尾城築城の報は秀吉の耳にすぐ入っただろう。勝家がその気なら、こちらはその先手をとって、というのが秀吉の心境だったに違いない。つまり賤ヶ岳の戦いの引き金を引いたのは、玄蕃尾城だったのではないだろうか。

別所山砦、利家の戦線離脱の理由

一五八三（天正一一）年三月、柴田勝家は南下を開始し、福井県と滋賀県の県境に到達した。勝家は玄蕃尾城を後方の拠点とし、南の山稜上に砦群を構築して布陣した。それに対し羽柴秀吉は、余呉《よご》湖北側の山稜上に砦を築き、北国街道が通る谷筋が最も狭くなった地点に防塁を築いて街道を封鎖した。さらに秀吉軍はその後方にも砦を配置して、勝家軍の進攻に備えた。

別所山砦のようす。平らになっているのが本丸で、右端の高まりが土塁＝筆者撮影

　一カ月ほどのにらみ合いがつづいた後、秀吉が岐阜城攻めのために主力軍を前線から引き抜いたのを見て、勝家軍は怒濤《どとう》の進撃を開始した。夜間に尾根をたどって秀吉軍の前線砦群を迂回《うかい》して余呉湖畔に達し、山を登って秀吉軍中備えの大岩山《おおいわやま》砦を急襲した。敵の中央を突くハイリスク・ハイリターンの戦法「中入り」だった。大岩山砦の周囲には秀吉軍の岩崎山《いわさきやま》砦や賤ヶ岳砦があったが大岩山砦を助けず、ついに落城した。秀吉軍は一枚岩ではなかった。

「勝家動く」の報に接した秀吉は一気に戻り、退却する勝家軍を追撃した。このとき勝家に従っていた前田《まえだ》利家《としいえ》は、当初布陣した別所山《べっしょやま》砦を出て、秀吉軍の前線の砦を抑えた茂山《しげやま》砦に進出していた。勝家軍の先備えは利家の砦の方へ粛々と撤退しつつあり、勝家軍はここまで負けていなかった。ところがまさにそのとき、利家が砦を放棄して突如戦場から離脱した。撤退中の勝家軍の先備えからは後方の自軍が崩れたと見え、勝家軍後方の部隊からは前線が崩れたと見えた。これを転機に勝家は大敗した。

利家が当初布陣した別所山砦は、尾根筋に堀切りを設け、本丸には櫓台と低い土塁を備えた。しかし、別所山砦をはじめ勝家軍が築いた砦群は、玄蕃尾城を除いて簡素なつくりで、仮の陣地の性格が強かった。砦の構えを分析すると、勝家が賤ヶ岳北側の山中に長期間足止めされると想定していなかったと判明する。一枚岩ではなかった秀吉軍が先に崩れて、勝家が勝つ可能性も大いにあった。

現地に立つとわかるが、別所山砦も茂山砦も前線への眺望が抜群によかった。勝者になるべきは勝家か秀吉か、利家のいた場所がその選択に大きな影響を与えたと思う。戦いを俯瞰《ふかん》していた利家の目に映ったのは、次の時代の姿だったに違いない。

東野山城、堀秀政「名人」の所以

勝家は南進して岐阜の織田信孝《おだのぶたか》、伊勢の滝川一益《たきがわかずます》らの同盟軍との合流を目指し、一方の秀吉は敵を各個撃破するため、勝家を賤ヶ岳に足止めしようとした。

双方の戦略の違いを反映して、勝家軍の前線の砦が簡易なものだったのに対し、秀吉軍の砦は敵襲に耐える本格的なつくりになっていた。さらに秀吉軍は南北に砦を連ね、縦深《じゅうしん》性《せい》をもった陣形で勝家軍に備えた。

秀吉軍の砦群で最前線にあったのが東野山《ひがしのやま》城で、堀久太郎秀政《ほりきゅうたろうひでまさ》が守った。秀政は幼くして信長の小姓《こしょう》となって才能を認められ、長じて側近の一人になった。秀政は何をしてもそつがなく、人心をつかむ達人だった。人びとは秀政を「名人久太郎」とたたえたという。

秀政の東野山城は北国街道東側の山上にあり、城から延びた堀と土塁が斜面を駆け下って、街道を物理的に遮断した。東野山城は臨時の城だったので石垣をもたなかったが、山の地形を活《い》かしつつ自在に土を掘ったり積み上げたりして、強固な防御陣地をつくった。たとえば城の出入り口脇の堀と土塁を直角に曲げて、敵に対して正面と側面から鉄砲と弓矢を用いて効率的に守った。

精緻《せいち》な設計だが、これだけに感心していてはいけない。秀政の本当のすごさは勝家軍が攻めてくる方向とは反対側に、出撃用の出入り口である馬出しを設けたことにあったからである。馬出しは堀の外側に設けた出撃用の陣地であるのに、なぜ秀政は敵の来ない方向

東野山城の屈曲した堀と土塁。馬出しは写真の左奥にあった＝筆者撮影

に、わざわざ馬出しを設けたのか？　秀政の心の中に分け入って考えてみよう。

秀政は秀吉の戦略を理解して、城の正面は専守防衛の「プランＡ」として設計した。しかし、勝家軍が北国街道を遮断した防塁線を破り、城の背後から攻めてくる最悪の事態も予測した。だから、そのときは馬出しから出撃して戦う「プランＢ」を立てて、的確に準備したのだった。さすが「名人久太郎」ではないか。

いつの時代も攻守のバランスは大切である。大将が「Ｇｏ Ｔｏ」といって攻め出すときは、守るときがくるのも見通して采配をふるってほしい。東野山城に立って、私は二一世紀の秀政を痛切に求めたくなった。

津山城

サバイバー森忠政、壮麗な信長流を江戸時代に再現

岡山県津山市の津山城は天下の名城である。現地を訪ねればこの城のすごさに誰もが納得していただけると思う。津山城を築いたのは森忠政《もりただまさ》で、忠政は織田信長が最も信頼した家臣の一人、森可成《よしなり》の六男として生まれた。

可成と六人の男子は信長に仕えて「天下布武《てんかふぶ》」の戦いに加わった。しかし森家が払った代償はあまりに大きかった。長男の可隆《よしたか》は一五七〇（元亀元）年の初陣で戦死。同年の滋賀宇佐山城攻防戦で父の可成も戦死した。三男は森蘭丸《もりらんまる》として知られ、四男の坊丸《ぼうまる》、五男の力丸《りきまる》とともに織田信長の小姓を務めた。この三人は現在でいえば高校生ほどの年齢だったが、一五八二（天正一〇）年の本能寺の変で討死した。

次男の長可《ながよし》は信長から海津城《かいづ》（松代城《まつしろ》、長野県長野市）を与えられていたため本能寺の変を免れた。その後、秀吉に仕えて一五八四（天正一二）年の小牧《こまき》・長久手《ながくて》の戦いに出陣し、徳川軍と激突して戦死した。つまり森家六人の男子で戦国期を生き延びたのは忠政一人だけだった。そして忠政は徳川家康から一六〇三（慶長八）年に美作一八万石を与えられ、翌年から津山城を築いた。

忠政の津山城は、信長流の城づくりを発展させたもので、三重の高石垣を築き、出入り口には外枡形《そとますがた》を連ねて、鉄壁の防衛力と反撃力を備えた。さらに津山城は本丸の上位空間として天守曲輪をもち、その中央に五階建て（地下一階）の天守を建てた。この天守は三角の屋根（破風《はふ》）をもたない端正な姿で、数多くの櫓を従えてそびえたようすは、古写真で見るとまことに壮観である。

あまりに防御を優先したためだろうか、本丸御殿の入り口は本丸への櫓門をくぐった後、その櫓門に脇から入ると、そこが玄関という特殊な設計だった。高速道路のジャンクションのようにぐるっと立体交差してアクセスする仕組みは建物が失われているのでわかりにくいが、津山城がいかに個性的な城だったかを証明している。

さて現在の津山城は桜の名所として親しまれている。緑の美しい季節に訪ねると、隙間なく植えた桜で、高石垣も外枡形もほとんど見えない。桜の花は美しい。しかし、どんどん桜を植えるのが本当に津山城を守り、活かすことなのか、何か見落としてはいないかと案じていた。しかし現在は、石垣の周囲に新たな桜を植えないなど、城跡の本質的価値を守って活かす植栽計画に従って整備が進んでいる。津山市のみなさんのすばらしい判断に敬意を表したい。

上、津山城の備中櫓（復元）＝筆者撮影
下、津山城の十八番門跡。奥に本丸の高石垣がそびえているが、桜の葉でまったく見えなくなっている＝筆者撮影

和歌山城

海路を押さえるくふう

和歌山城は江戸時代の御三家のひとつ、紀州徳川家の居城としてよく知られている。電車でも車でも和歌山は大阪から近く、美しい景色や温泉、おいしいご飯、パンダなど、見どころは豊富である。ところで徳川はなぜ、一族を配置する重要拠点として和歌山を選んだのか。陸の視点から考えると、和歌山には地勢的に行き止まりのイメージがあるので、選択を不思議に思うかもしれない。

しかし、海の視点から考えるとどうだろう。情報や流通が海や川の水運を主体にした時代に、和歌山は海の道で四国や九州などの遠隔地と直結した。海に開いた和歌山の歴史は古く、はるか古墳時代に九州のスタイルを取り入れた古墳を多数つくっていたと知られている。全国的な海と陸のネットワークを整備した江戸幕府にとって、人と情報と物が集まる和歌山は、押さえるべき要の地であった。

近世城郭としての和歌山城成立の転機になったのは、一五八五（天正一三）年の羽柴秀吉による紀州攻めだった。戦いの後に秀吉は弟の秀長《ひでなが》に和歌山築城を命じ、工事は名築城家として名高い藤堂高虎《とうどうたかとら》が担当したという。

上、和歌山城天守曲輪の石落し＝筆者撮影
下、城下から見上げた和歌山城。水堀には城主専用の御橋廊下（復元）が架かる＝筆者撮影

前田育徳会尊経閣《そんけいかく》文庫所蔵の「紀州和歌山」（『諸国居城図《しょこくきょじょうず》』所収）は、秀長の和歌山城時代を描いた可能性があるが、現在の和歌山城とはかなり異なって、今後の考古学的調査の成果が待たれる。ただしこの時期の瓦が城の中心部から出土しているので、石垣や瓦葺《かわらぶ》き建物を備えた本格的な城だったのは間違いない。

一六〇〇（慶長五）年の関ヶ原の合戦後は浅野幸長《あさのよしなが》が和歌山城主になり、さらに城の改修を進めた。そして一六一九（元和五）年から徳川頼宣《とくがわよりのぶ》が五五万石の大名として入城し、現在の和歌山城がついに完成した。秀長以来、歴代城主が城の改修を重ねたので、和歌山城には多様な石垣が残る。自然の緑色片岩を積んだ野面《のづら》積み石垣、荒割り加工した石材の石垣、四角く加工した切石《きりいし》の石垣などがあって見あきない。

改修を重ねた和歌山城だが、一貫して共通したのは城の堀が海につながり、城下はもちろん城まで船が入ったことだった。海を押さえた和歌山城らしい構造といえる。城と城下を守り海のハイウェーへとつづいた堀は、いまでも市内に残って当時を偲《しの》べる。

2　文禄・慶長の役と秀吉の城造営

肥前名護屋城

侵略戦争の対岸に、大名たちの数寄の空間

一五九二（天正二〇）年三月一三日に豊臣秀吉は総勢一六万にもおよぶ「唐入《から》り」軍の編成を決定し、同月二六日に自ら出陣した。そして秀吉が佐賀県唐津市の肥前名護屋《なごや》城に到着するより前に、豊臣軍は続々と渡海を開始した。文禄・慶長の役のはじまりだった。

秀吉の御座所になった肥前名護屋城は、大坂城に匹敵した規模で防御は厳重を極めた。記録によれば、のちに大坂冬の陣で真田丸《さなだまる》を築き、徳川家康を大いに悩ませた真田信繁《さなだのぶしげ》は、肥前名護屋城三の丸番衆御馬廻《ばんしゅおうままわり》組の「一番石川紀伊守組」に「真田源次」として名が見え、若き日の信繁が秀吉の馬廻を勤めたとわかる。

そして、肥前名護屋には全国から一五〇を超える大名が集まり、周囲の山の上にそれぞれ陣を築いた。陣には大名本人が暮らしただけでなかった。たとえば徳川家康が一万五千

人の軍勢を引き連れて参陣したように、家臣たちもやってきた。想像してみてほしい。肥前名護屋城の周囲の山という山に陣が立ち並び、家康や前田利家、伊達政宗《だてまさむね》など、全国の主要な大名と武士が肥前名護屋に集結した。肥前名護屋は、実質的な首都機能を発揮したといえよう。

ここに集まった大名たちはすべて渡海したのではなく、家康や利家のように肥前名護屋に留《とど》まった者も多かった。そして戦いが長期化していくなかで、秀吉による大名陣への「御成《おなり》」や、能の観劇、茶会など、天下人と大名や、大名同士のおもてなしと遊興が盛んになった。そのため陣は粋を凝らした数寄の空間になっていった。

一五九一（天正一九）年に肥前名護屋城の工事がはじまった。秀吉は九州を平定した一五八七（天正一五）年に「大唐・南蛮《なんばん》・高麗」への出兵構想を明らかにしていて、当初は博多に「御座所《ござどころ》」の城を建設するつもりだった（天正一五年五月二八日付徳川家康宛《あて》豊臣秀吉書状）。もし秀吉が博多に城を築いていたら、その後の博多の歩みは違ったものになったただろう。

博多から肥前名護屋に「御座所」の場所を変えた理由は不明だが、水深の深い名護屋浦が船の運用に適したこと、壱岐《いき》・対馬《つしま》に最短距離で航行可能な立地であったことが理由と

上、復元した肥前名護屋城本丸御殿の玉石敷き。背後の木のあたりが天守台＝筆者撮影
下、堀秀治陣の本丸全景。人が立つあたりが奥御殿。奥御殿に接して能舞台が立った＝筆者撮影

思われる。城の設計は黒田孝高《くろだよしたか》（官兵衛）が行った。肥前名護屋城は豊臣大坂城の中心部と共通性が高く、戦いのための臨時の「御座所」としては異例の、石垣を備えた恒久的な大城郭だった。近年の発掘調査では本丸にあった巨大な御殿を見つけており、御殿のまわりに敷き詰めていた玉石を復元した。

本丸から山麓《さんろく》へ下がった山里丸《やまざとまる》の発掘調査では、記録に名高い「草庵《そうあん》の茶室」も発見している。佐賀県は二〇二一年から「草庵の茶室」の史跡整備をはじめていて、二〇二三年度末には茶室や手水《ちょうず》、柴垣などの平面表示が完了する予定と聞く。本当なら「草庵の茶室」をそのまま立体復元してほしいのだが、青竹を切って建てた茶室を長期間維持するのは難しい。期間限定で青竹の茶室を立体復元し、活用することになりそうである。

実際に渡海もした堀秀治《ほりひではる》の陣は、発掘成果にもとづいて整備している。陣の中心には対面儀礼や軍議を行った広間と、秀治が寝泊まりした奥御殿があった。それらの周囲には美しく玉砂利を敷き詰め、奥御殿とセットにした能舞台まで完備した。能舞台は橋掛かりや楽屋をもつ本格的なものだった。さらに周囲の景色を一望するよき場所には、飛び石でつないだ茶室を複数建てていた。そのようすは、まるで文芸を中心にした理想の大名の城をつくったようである。また現在、島津義弘《しまづよしひろ》陣の発掘調査も行って石垣のようすなどが詳し

島津義弘陣の石垣＝筆者撮影

くわかった。

佐賀県唐津市にある佐賀県立名護屋城博物館は、城と陣の計画的な学術調査を進め、その成果を展示や講演会、城跡と陣の整備によって広く公開している。二〇二一年秋の企画展示では、全国から肥前名護屋に集まった武将たちの直筆文書を紹介していた。古文書を読んでいくと、武将の人柄や、くせも見えてきて身近に感じられた。たとえば「加藤清正《かとうきよまさ》覚書《おぼえがき》」は、朝鮮半島へ渡海して戦っていた清正が、国元へ与えた指示書だった（佐賀県立名護屋城博物館蔵）。三二カ条にもおよぶ文書は、国元に残る家臣の妻子への手当て、前線へ送るべき武器武具、年貢米の運搬と売買などを記した。

そして熊本城については、侍町の惣構《そうがま》えや本丸などに塀《へい》を建てること、表の櫓《やぐら》門の下の端に念を入れて工事するよう指示した。また船については、大きな船を造ったために乗りこなせずに置いたままになっているものがあると聞くので、売っているなら買い取って、よき船頭を乗せるように事細かに指示した。

清正といえば「虎退治」のように豪胆なイメージが強く、小説やドラマではしばしば粗暴な人物として描いてきた。しかし古文書を通じてわかる本当の清正は、きめ細やかで行政能力に長《た》けた人物だった。つまり、私たちが石田三成の得意分野とイメージするような内政と経理に卓越した能力を清正は備えていた。

伊達政宗も肥前名護屋に着陣し、渡海して戦った武将の一人だった。「伊達政宗自筆書状」は、肥前名護屋の政宗が国元にいる家臣、片倉小十郎《かたくらこじゅうろう》に宛てたものだった（仙台市博物館蔵）。この書状は女性もしくは特に親密な人物に送る書式で記していて、政宗と小十郎の深い信頼関係を物語る。

そして政宗はこの書状で「じぶん」の「じ」に二濁点ではなく三濁点、つまり点を三つ書いていた。実はこの頃まで政宗は濁点をひとつ多く書くくせをもっていた。興味深いのはこの書状には正しく二濁点で記した文字もあることで、まさに政宗は書きくせを直そうと努力している最中だったとわかる。政宗にも悩みはいっぱいあった。

凄惨《せいさん》を極めた対外侵略戦争と、粋を凝らした数寄空間の大名陣。どう考えてもひとつの像を結ばない異様さは、文禄・慶長の役の本質に深く関わると思う。

肥前名護屋城は評価の難しい城である。この城は豊臣政権が「唐入り」を掲げ、朝鮮半島に出兵した文禄・慶長の役の秀吉「御座所」という特異な成立史をもっている。そのため対外侵略戦争の史実を抜きに肥前名護屋城を評価することはできない。そして豊臣秀吉の出兵は近代以降の日韓関係とも重なって、両国の歴史に暗い影を落としてきた。

しかし、肥前名護屋城に接して立つ佐賀県立名護屋城博物館の展示に学べば、日韓は、はるか紀元前から濃密に交流し、ほとんどの時代に友好関係を深めてきたとわかる。これからの日韓関係を豊かで信頼に満ちたものにするために、多くの方に肥前名護屋城を訪ねて戦いと対立の歴史だけでなく、友好を重ねた長い平和の歴史を実感してほしいと思う。

京都新城・指月伏見城

秀吉悲願の城、政権の拠点とならず

二〇二〇年五月一二日、豊臣秀吉が最後に築いた京都新城の発見を京都市埋蔵文化財研究所が発表した。京都新城は文字史料では知られていたが、これまで研究上でも小説でもほとんど注目されてこなかった。その解明の端緒が考古学によって得られたのは大きな成果である。京都新城は秀吉が豊臣家の行く末をどれほど深く悩んでいたかを物語る城だと思う。

発掘で見つかった石垣は東向きで堀に接したもので、復元高は約二・四メートル。自然石の野面積みを主体にしたが、石材の長辺を石垣の奥方向にして積んでいる。耐震性を高めた慶長伏見地震以降の石垣の特徴を示したものである。発掘位置から考えて、見つかっ

出土した「京都新城」の遺構とされる石垣＝2020年５月12日、京都市上京区の京都御苑、筋野健太撮影。朝日新聞社

たのは京都新城の本丸を囲んだ堀の外側石垣と思われる。すると、本丸石垣は五メートルほどの高さだったと推測される。金箔瓦《きんぱく》を屋根に葺《ふ》いた京都新城は、華麗な城であった。二〇二〇年発表の発掘調査成果はごく一部に留まり、全体像はまだ謎に包まれているが、現時点で読みとれることを記したい。まずは京都新城築城までの動きを追ってみよう。

豊臣政権の「公」の拠点は、そもそも京都の聚楽第《じゅらくてい》だった。しかし一五九五（文禄四）年に城主で関白の地位を譲った豊臣秀次を、秀吉が追放して死に追いやると、聚楽第も破壊してしまった。当時秀吉は伏見指月《しげつ》に隠居城をつくって、徳川家康をはじめとした諸大名に石垣普請《ふしん》を命じていた。そこで秀吉は、この伏見城を増改築して豊臣政権の「公」の城にすることにした。秀吉は聚楽第の周囲にあった諸大名の屋敷も伏見へ移転させた。伏見城はよく知られた城である。しかし二つの伏見城があったので、少しややこしい。これが最初の伏見城（指月伏見城）である。

この指月伏見城は宇治川に面した段丘崖の上にあって、当初は簡素なものだった。しかし豊臣政権の「公」の位置づけにふさわしい城になるよう、秀吉は改修を進め、指月伏見城は本格的な城郭へと変わっていった。ところが、一五九六（文禄五）年閏《うるう》七月の慶長伏見地震で指月伏見城は大きな被害を受けた。秀吉はすぐに城を北側の木幡山《こはたやま》に移転して再築するよう命じた。この結果できたのが現在主要部が明治天皇陵になっている木幡山伏見城だった。

その後、指月伏見城は木幡山伏見城の城下に吸収され一帯は武家屋敷になった。そのため指月伏見城の実態はよくわからない。二〇二一年三月に京都市がまとめた報告書では、指月伏見城の中心は現在の桃山町泰長老《たいちょうろう》四地内と推測した。そして二〇二一年一二月一日、伏見城の新たな石垣が発掘で見つかったと報じられた。この成果は京都市埋蔵文化財研究所がＪＲ桃山駅前で行ったもので、私も現場を見学させていただいた。石垣が見つかった場所は、推測した指月伏見城の範囲から外れており、ここまで城が拡大していたとす

見つかった指月伏見城の石垣の基礎部分＝2021年11月４日、京都市伏見区桃山町で。朝日新聞社

れば大きな発見である。しかし一部の研究者がいうように、ＪＲ桃山駅周辺に指月伏見城の本丸があったと考えるのは適切ではない。

見つかった石垣は指月伏見城があった南を向いており、堀を伴わないので、必然的に城内側に接した石垣の一部だったとわかる。堀は遺構の北側のどこかにあったことになるが、その痕跡は調査区外にも見つけられない。この石垣は地面を掘り込んで基礎工事を行う、当時最新の工法を採用しており、指月伏見城としては最末期にあたる頃の工事である。これらの情報を総合すると、慶長伏見地震の直前に秀吉は、指月伏見城の堀の外にさらに城を拡張する工事を最新工法を用いて進めていたと評価するのが、現状では穏当である。

一五九六（文禄五）年閏七月、慶長伏見地震が起きると、指月伏見城は大破。一命を取り留めた秀吉は地震のわずか二日後に、伏見木幡山に新たな伏見城を築くよう命じ、諸大名に大規模な石垣普請を再度割り当てた。このとき豊臣政権は対外侵略戦争である文禄の役の戦時下にあった。莫大《ばくだい》な戦費と、膨大な人的被害に苦しんでいた諸大名にとって、伏見城建設の負担は重かった。

この頃、徳川家康がどのような気持ちで伏見城の石垣工事を分担したかを伝えるのが、一五九四（文禄三）年の「徳川家康伏見城普請中法度《はっと》」（徳川美術館蔵）である。その中で家康は、豊臣の武士との工事中のいさかいで、たとえ家臣が殺されても我慢せよと命じた。太閤秀吉の命には家康であってもひたすら従うしかなく、ほかの大名たちであればなおさらだった。

家康が法度を定めた文禄三年は秀次追放事件の前年だが、最晩年の秀吉は恐ろしい恐怖政治に突き進んでいた。秀次追放と切腹に留まらず、秀次家族全員の処刑、秀次重臣衆の切腹、聚楽第の破壊と、秀吉の命令は冷酷を極めて人びとをふるえ上がらせた。豊臣政権崩壊のカウントダウンは確実にはじまっていた。

諸大名が分担して木幡山伏見城の工事を進めるなか、一五九七（慶長二）年正月に秀吉は京都新城の築城を命じた。『言経卿記《ときつねきょうき》』同年正月二八日条によれば、秀吉は京都所司代の前田玄以《まえだげんい》（徳善院）、増田長盛《ましたながもり》、石田三成《いしだみつなり》の三人を奉行として派遣し、四町四方を建設予定地とした。

京都新城の工事をはじめた直後の二月二一日、秀吉は講和交渉の決裂を理由に、朝鮮半島への対外侵略戦争を再開し、一四万一五〇〇名もの軍勢に出陣を命じた（慶長の役）。築城工事は現在の公共工事のように地域経済のカンフル剤とはいえ、戦争で疲弊し不満が高まる情勢下の築城は適切だったか。対外侵略戦争は言語道断であるが、緊急事態に適切な施策を行えるかは政権の未来を占う。ちなみに豊臣政権は滅びた。

工事をはじめた京都新城は同年四月に敷地を北側に移動させるとともに、規模を南北六町、東西三町に拡大した。そして同年九月には主要部が完成（『義演准后日記《ぎえんじゅごうにっき》』）。同月二六日に家康を従えた秀吉が、秀頼《ひでより》とともに京都新城に入城した（『言経卿記』）。同月二八日には諸大名が参集して、秀頼の「御元服」をこの城で行った（『義演准后日記』）。

しかし、秀吉はそれから一一カ月後の一五九八（慶長三）年八月に伏見城で死去した。秀吉は最終的に秀頼の大坂入城を選択し、結果として京都新城は秀頼の居城にも、当初もくろんだ京都における豊臣の拠点にもならなかった。天皇の内裏《だいり》に接し、周囲の公家町を従えてそびえた京都新城に秀頼が入ることは、摂関家としての豊臣家、公家としての秀頼を象徴した。秀吉は一瞬、そうしたかたちで豊臣家が存続していくのを願い、それが京都新城の築城ではなかったかと思う。もし秀頼が京都新城を居城にしていたら、その後の歴史はきっと変わったに違いない。

3　関ヶ原の戦いから大坂の陣まで、城で何があったか

勝龍寺城

ガラシャ、短くも意志に満ちた生涯

戦国の世に強い意志を貫いた女性に、細川玉《たま》（のちのガラシャ）がいた。彼女は明智光秀の娘で、細川忠興《ただおき》に一六歳で嫁いだ。しかし、京都府の勝龍寺《しょうりゅうじ》城で祝言《しゅうげん》を挙げた二人の幸せな暮らしは長くつづかなかった。玉の実父の光秀が起こした本能寺の変で光秀に従わなかった忠興は、玉を離縁して山村に幽閉した。

細川忠興と玉が祝言を挙げた勝龍寺城＝筆者撮影

その後、天下人になった豊臣秀吉は忠興に復縁を許し、玉は最終的に大坂城下の細川屋敷に住んだ。そうしたなかでキリスト教にふれた玉は、忠興の目を盗んで自らの意志で教会を訪ね、その後も侍女を通じて疑問点をたずねて深く教義を理解した。そして二五歳で洗礼を受け、「ガラシャ」の洗礼名を授かった。

一六〇〇（慶長五）年に関ヶ原の戦いが起きると、石田《いしだ》三成《みつなり》たちは大坂城下の大名の妻を人質に取ろうとした。軍勢が屋敷を取り囲む中、ガラシャは死を選んだ。キリスト教史を研究する安廷苑《アンジョンウォン》氏はガラシャの死を「自らの生命を捨てて自分の十字架を背負」った決断だとした（熊本県立美術館編『細川ガラシャ』）。ガラシャは運命を見据えて、命に代えて自身と細川の名誉を守った。

特別な姫でなく、市井《しせい》の女性はどうだったか。戦国日本をヨーロッパと比較したルイス・フロイスの記述を見てみよう。フロイスによれば日本の女性は、夫より前を歩き、夫とは別に財産を管理し、夫に金を貸し付けたりした。そして日本の女性は、夫に知らせずに好きなところへ行く自由をもち、娘たちは両親に断りなしに、一日でも幾日でも一人で好きなところへ出かけたという（岡田章雄訳注『ヨーロッパ文化と日本文化』岩波文庫）。

もちろん夫婦や親子の関係が今日でもさまざまなように、戦国期のすべての女性がフロイスの述べたとおりではなかっただろう。しかしフロイスによれば、戦国日本の女性はヨーロッパと比べて、より自由に自立的に行動した。今日でもそうあるべきと考える人がいると伝え聞く「わきまえる女性」イメージは、戦国にはまったく通用しない。

戦国期は誰もが戦った。そして社会の中で決断し行動する女性が確かにいた。戦国の女性が行使した自由は、ヨーロッパの人を驚かせたほどだった。さて四〇〇年後の私たちの時代はどうだろう。

金沢城

利長の究極の選択

豊臣秀吉の盟友として政権を支えた前田利家は、一五九九（慶長四）年に死去した。藩主と豊臣政権大老《たいろう》の重責は、家督《かとく》を継いだ前田利長《まえだとしなが》が背負うことになった。しかし天下を治める権力を手中に収めようとしていた徳川家康は、代替わりの隙《すき》を見逃さなかった。同年九月に大坂城に入ると、金沢へ帰国していた利長に謀反《むほん》の疑いがあると軍事的圧力をかけた。

徳川家と前田家が争えば、諸大名を巻き込んだ天下分け目の戦いになる。利長は冷静に情勢を判断して家康との和睦を選び、利家の正室で母の「まつ」を江戸へ人質に出した。家康に屈した利長の選択は、家康の天下奪《と》りを加速させた。

このとき利長が家康との対決を選んでいたらどうなっただろうか。翌一六〇〇（慶長五）年に関ヶ原の戦いが起きたように、家康は権力掌握の障害になる大名に次々に謀反の疑いをかけ、軍事行動を起こして自らに従わせようとしていた。利長は寸前のところでそれをかわし、上杉景勝《うえすぎかげかつ》は正面から立ち向かった。どちらも大名として生き残ったが、前田家が一〇〇万石を維持したのに、上杉家は大幅減封になった。この結果を見れば利長の判断は正しかった。

金沢城の大手門。門としてのかたちは利長の時代にさかのぼる＝筆者撮影

ただし関ヶ原の戦いの前年に利長が立ち上がっていたら、石田三成や大谷吉継《おおたによしつぐ》は呼応して戦ったのではないか。景勝は江戸を背後から襲い、福島正則《ふくしままさのり》や加藤清正《かとうきよまさ》が利長の呼びかけに応じた可能性があったと思う。関ヶ原の戦いで毛利輝《もうりてる》元《もと》が西軍総帥《そうすい》になったように、前田・毛利連合が成立すれば、まさに「どうする家康」の大ピンチになった。結果として戦わない選択をした利長は、その後の最悪の展開も考えて、1章5節で紹介したように、金沢城下の惣構えを構築した。利長は家康にただ屈したのではなかった。

人はときに大きな岐路に立つ。本心とは異なる選択をすることは、誰の人生にもあるだろう。

さて、利長の書状はいくつも残るが、前田利長は一六〇五（慶長一〇）年に隠居した後も書状に「はひ」「ひ」と署名しつづけた。前田利長の名前には「は」も「ひ」もないが、これは関白秀吉が授けた羽柴姓の「は」と官位である肥前守の「ひ」を略したものだった。利長はかたちとしては家康に屈したが、心までは折れずに自ら正しいと思うものを守りつづけた。利長のような思いを胸にいまを生きる人は多いと思う。

彦根城

「落ちない天守」を移し迎えて四〇〇年

全国には現存天守が一二あり、国宝に指定されているのは、島根県松江市の松江城、兵庫県姫路市の姫路城、愛知県犬山市の犬山城、長野県松本市の松本城と滋賀県彦根市の彦根城の天守である。国宝天守はいずれも個性的で、私が現存最古の天守建築の可能性もあると考える松本城天守、壮大な通し柱と白漆喰総塗《しろしっくいそうぬ》り籠《ご》めの外観という最善を尽くした姫路城天守など、どの天守も訪ねて歴史を体感する価値がある。

そうしたなかで彦根城天守も負けてはいない。彦根城天守は三階の隅木《すみぎ》に「慶長一一年六月二日　大工喜兵衛」と、天守を建てた大工棟梁《とうりょう》、浜野喜兵衛《はまのきへえ》の墨書があり、一六〇六（慶長一一）年頃に完成したと判明する。ただし、彦根城天守は新築ではなく、もともと大津市の大津城の天守を移築し、かたちを修正して建て直したものだった。大津城は一六〇〇年の関ヶ原の戦いの折、最終的には開城したが、東軍に属した城主の京極高次《きょうごくたかつぐ》が西軍の猛攻に耐えた殊勲の城だった。

彦根城は徳川家康の命により築造がはじまった。家康に仕えて勇猛で名高い井伊家の城だったから、新築天守を建てることもできたはずだったが、大津城天守を「落ちないめでたい天守」として特に彦根城天守に移したという。

昭和の解体修理の結果、前身の大津城天守は、ほぼ同じ大きさの一・二階の上に大きな屋根（大入《い》り母屋《もや》屋根）を乗せ、この屋根の上に望楼《ぼうろう》を備えた外観であったと復元された（異説あり）。内部の柱には複数階を貫いた通し柱はひとつも認められず、古式の様相を示す。外観三重・内部三階の基本的な構造は、大津城時代にさかのぼると見てよい。

一階の窓は突き上げ戸で、窓の格子を漆喰で塗り込めない。姫路城が外に面した窓の格子を漆喰で塗り込めたのと比べて、やはり、古いスタイルだった。そして、二階以上の窓には仏教建築に由来した華頭窓《かとうまど》を配置した。華頭窓は幻の安土城天主も用いたという。しかも、彦根城は通常天守最上階だけに用いた華頭窓を、二階・三階のすべての窓に用いた。もう、うっとりするほどの華麗さである。

上、彦根城の天秤櫓＝筆者撮影
下、彦根城天守＝筆者撮影

それにしても、彦根城天守が受験に効くという話を聞かない。しかし家康も認めた「落ちない天守」である。なんと縁起のよい天守だろうか。彦根城の天守に登れば、もしかしたら志望校合格も、第一志望の就職決定も間違いなし、かもしれない。

大垣城・豊臣大坂城

戦国の城で女性はどう生きたか

戦いがつづいた戦国期に女性はどう生きたのか、当時の史料から考えたい。最初に紹介するのは、「おあむ（御庵）」さんである。一六〇〇（慶長五）年の関ヶ原の戦いで石田三成に仕えた父に従い、おあむは家族とともに大垣城（岐阜県大垣市）に籠城《ろうじょう》した。そのときの体験談が『おあむ物語』として伝わる。

三成たち西軍は関ヶ原を拠点にしつつ、濃尾平野を押さえる足がかりとして大垣城に進出した。三成は美濃の織田秀信《おだひでのぶ》を味方につけ、尾張の福島正則も味方にしようとした。しかし、正則は徳川家康について秀信の居城である岐阜城を落とし、家康も美濃に出陣した。そこで、三成は主力軍を率いて大垣城から関ヶ原に移動し、天下分け目の関ヶ原の決戦が起きた。

敵中に孤立した大垣城は東軍の攻撃を受けた。そしてこの混乱の中におあむがいた。『おあむ物語』によれば、大垣城から「いし火矢《びや》」と呼んだ大筒《おおづつ》を発射すると櫓がゆれ、地も裂けるようで、気の弱い女性は気絶したほどだった。おあむは、最初は生きた心地もせず恐ろしいと思ったが、のちのちは何とも思わなくなったという。

おあむは母や家中のほかの夫人や娘たちと大垣城の天守にいて、鉄砲玉の鋳造にあたった。火縄銃の玉には鉄か鉛を用いたが、融点の低い鉛は比較的容易に溶かして型に流して玉をつくることができた。その天守には味方が戦いで獲《と》った首を集めて、それぞれに札をつけ、女性たちが首の歯にお歯黒をつけた。女性たちが美しく整えた首は大将の首実検を受けた。そのためお歯黒をして、有力な武将の首に見えるようにしたのだった。おあむは「首も怖いものではなく、首の中で寝ていたものだ」と述懐した。その後、おあむは父母とともに落城前に城から脱出し、生きながらえた。脱出の道中で母は妹を出産した。

いま、天守は城の見学ポイントとして人気だが、戦国の戦いでは天守に女性たちが入り、玉を鋳造し、首を清めて整えた場所だった。戦国の女性は単純に守られた存在だったのではなく、天守もかっこよいだけの建物ではなかった。

時代は少しくだって「お菊」さんの選択を考えよう。お菊は、若い日に豊臣大坂城の天

現在の大垣城天守。いま、内部は博物館になっている＝筆者撮影

守や奥御殿があった詰丸《つめのまる》に勤め、淀殿に仕えた（『おきく物語』）。お菊がいた豊臣大坂城は、一六一四（慶長一九）年の大坂冬の陣の講和条件として、本丸以外の堀や石垣を失った。翌年、徳川軍は再び豊臣大坂城を攻めて、豊臣軍は城外に出て戦った。

この大坂夏の陣で両軍が激突した一六一五（慶長二〇）年五月、お菊は詰丸の長局《ながつぼね》で「そば焼き」を食べようと、下女を詰丸の台所へ行かせた。その下女が戻って、城のすぐ南東の玉造口《たまつくりぐち》や周囲の所々が炎上中という驚くべき報告をもたらした。そこでお菊は自分で詰丸の奥御殿から本丸の巨大な千畳敷御殿《せんじょうじき》の広縁《ひろえん》に出て観察すると、すでに豊臣軍は壊滅して、敵が間近に迫るのを目視した。

お菊の決断は早かった。彼女はすぐに長局の自室に戻り、衣服と下帯を三つ重ね着して、秀頼から拝領した鏡と、竹流《たけなが》し金《きん》（竹を二つに縦割りにした形状の鋳型に溶かした金銀を流し込んでつくった秤量《ひょうりょう》貨幣）を懐に入れて台所へ急いだ。台所も混乱していて、ケガをして治療を求める武士や、女性たちが城から出るのを制止する武士がいたが、お菊はかまわずに台所口から城の北側へ脱出しはじめた。

すると大将の居所を合戦場で示した豊臣家栄光の「金の瓢箪《ひょうたん》」の馬印《うまじるし》がうち捨てられているのを発見した。お菊が詰丸から脱出をはじめる数時間前、豊臣秀頼が出陣するとして本

「大坂冬の陣図屏風」デジタル想定復元に見る豊臣大坂城中心部。天守の右下が詰丸。
制作・所蔵：凸版印刷株式会社、監修：千田嘉博（奈良大学文学部教授）、東京藝術大学、徳川美術館、佐多芳彦（立正大学文学部教授）

丸大手門前に金の瓢箪の馬印を掲げて馬廻衆《うままわり》が集結した。しかし秀頼の出陣前に豊臣軍の前線が崩壊したため、出陣は取りやめになった。馬印を管理した武士は、出陣中止後に馬印を詰丸まで持ち帰って戦場に戻ったのか、逃亡したのか、いずれにせよ豊臣家栄光の馬印を放棄した。

お菊は同僚の女性とともに、馬印を捨て置いては豊臣の恥であると、馬印を壊して捨てた。豊臣の栄誉を守ったのは屈強な武士ではなく、女性だった。しかし、お菊たちがそのままにしていたら徳川軍が見つけて、私たちは本物の金の瓢簞の馬印を見られたかもしれない。少し残念である。

その後、物取りに襲われても竹流し金を渡して、お菊は脱出に成功した。豊臣は負けると見抜き、即座に行動したお菊は生き残った。しかし、落城の日にそば焼きを命じた下女の消息はついにわからなかった。自分で考え、動く女性はいつだって強い。

篠山城

秀頼包囲網の城構造、江戸時代に全国に広まる

ものごとには流行があって、何事も少しずつ移り変わっていく。いま、私たちの身の回りでそうした変化を最も実感できるのは携帯電話だろうか。各メーカーが発表する新しいスマートフォンは、前のデザインを受け継ぎつつわずかに変わっていく。

実は城も同じで、本丸や二の丸などの配置や、堀・石垣は少しずつ政治と社会を反映して変わっていった。そうした城の違いから歴史を考えるのが城郭考古学である。スマホの違いがすぐわかる人は、きっと城郭考古学の適性もあると思う。

篠山城《ささやま》（兵庫県丹波篠山市）は一六〇九（慶長一四）年に徳川家康が大坂城の豊臣秀頼を

篠山城に残る馬出し＝筆者撮影

包囲するために築かせた城のひとつだった。篠山城は城下に接した外縁に、馬出しと呼ぶ三つの複雑な出入り口を備えた。馬出しは、堀の対岸に出撃用の広場を設け、広場から左右に分かれて出入りするようにしていた。堀の対岸に置いた陣地によって強力な反撃力を実現した。

定型的な馬出しは、周囲を堀で囲んで橋や土橋で結んだため、堀の中の島のように見えた。いま残る篠山城の馬出しは、まさにそのかたちだった。このような馬出しは、広島県広島市の広島城や青森県弘前市の弘前城など、各地の近世城郭にあって城を守った。しかし、城の天守や御殿だけが見どころだと思うと、馬出しを通ってもその重要さを見落としてしまう。篠山城を訪ねたときは、城の外側に飛び出した馬出しに注目してほしい。

馬出しを通るといよいよ城の中心部。いまは広い空き地を挟んだ先に本丸の堀と石垣があって、その間には何もなかったように見える。しかし実はこの空き地には、本来は空間を仕切る石塁が延びていて、堀を省略した馬出しになっていた。周囲の堀を省略した石塁だけの「仕切り型馬出し」を本丸の周囲に配置して、敵が最初の馬出しを突破しても、効果的に反撃して戦う設計だった。

「仕切り型馬出し」は二代将軍徳川秀忠《とくがわひでただ》が築いた徳川大坂城や京都の二条城、松平忠輝《まつだいらただてる》の居城であった新潟県上越市の高田城などが備えていた。篠山城の先進的な設計を徳川の城が受け継いでいった。つまり、篠山城は天守はなくても当時最新のかたちで、その後の徳川の城に大きな影響を与えたとわかる。ぜひ篠山城の「仕切り型馬出し」を復元してほしいと願っている。

真田丸

激戦の舞台の実像

一六〇〇（慶長五）年、関ヶ原の戦いに勝利した徳川家康は、一六〇三（慶長八）年に江戸幕府を開き、天下の実権を握った。しかし摂関家としての権威をもつ豊臣家は、淀殿が幼い秀頼を支えて特別な地位を占めていた。江戸幕府が豊臣家と併存する可能性はあったが、全国の経済と流通の要であった大坂を強力な豊臣大坂城で押さえた豊臣家が徳川の脅威になると考えた幕府は、豊臣家を滅ぼすのを選択した。

一六一四（慶長一九）年一〇月、二〇万とも三〇万とも伝えられた徳川の大軍が、豊臣大坂城を囲んだ。大坂冬の陣であった。迎え撃った豊臣軍はおよそ一〇万。秀頼の呼びかけに全国から浪人衆が集結し、この中には明石全登《あかしてるずみ》、真田信繁《さなだのぶしげ》、後藤又兵衛《ごとうまたべえ》（基次《もとつぐ》）、長宗我部盛親《ちょうそかべもりちか》、毛利勝永《もうりかつなが》など歴戦の武将がいた。

冬の陣最大の激戦は真田丸の攻防戦だった。豊臣大坂城は城だけでなく、総延長八キロにもおよんだ城下を囲んだ堀と土塁の防御線「惣構え《そうがまえ》」を備えた。だからほとんどの豊臣軍は惣構えを防衛していたが、真田丸は惣構えの外にあって、敵の徳川軍に突出した出城だった。信繁は大坂城の弱点になっていた上町《うえまち》台地南方からの攻撃を阻止するために真田丸を築いた。

信繁は、徳川軍の攻撃を真田丸に誘い込むために、敵への挑発を繰り返した。挑発に乗った前田利常《まえだとしつね》軍が一六一四（慶長一九）年一二月四日の早朝、真田丸の堀に突入すると、

四角い真田丸＝「大坂冬の陣図屛風」デジタル想定復元。
制作・所蔵：凸版印刷株式会社、監修：千田嘉博（奈良大学文学部教授）、東京藝術大学、徳川美術館、佐多芳彦（立正大学文学部教授）

それにつづいて井伊《いい》直孝《なおたか》軍、松平忠直《まつだいらただなお》軍も真田丸に殺到して攻撃を開始した。徳川軍に同時攻撃をかけられた真田丸は絶体絶命のピンチに見えたが、この状況こそ信繁が仕組んだ罠《わな》だった。

攻防を描いた絵図によると、信繁は周到に真田丸防衛の準備を進めたとわかる。真田丸の堀の外側には鋭い金属の突起をもった「撒《ま》き菱《びし》」を散布し、徳川軍の武士が堀に迫ると足に刺さって出ばなをくじいた。

真田丸の堀は上町台地を掘った空堀で、粘質土のため足にまとわりついて滑りやすく、部分的に水が溜《た》まっていた。二〇一五年に奈良文化財研究所の金田明大《かねだあきひろ》氏の協力を得て実施した地中レーダー探査などによれば、堀の幅は最大で四〇メートル、深さは一〇メートルを超えた。絵図によれば堀底には柵があって、空堀底を歩いて真田丸の城壁を登れないようにしていた。

真田丸は石垣をもたない臨時の出城だったが、堀底からは一五メートルほどあった城壁上の要所に櫓《やぐら》を建て、櫓と櫓をつないだ土塀の内側には桟敷《さじき》（テラス）を設けた。桟敷の上と下から二重に火縄銃を撃てた。挑発に乗って防弾の盾を持たずに真田丸の堀底に突入した徳川軍の武士は、真田丸からの猛烈な射撃にさらされて進めず、後方からは味方が押し寄せて撤退もできなかった。その結果、徳川軍は甚大な被害を出して、戦いは夕方に終わった。信繁の完全な勝利だった。

これまで真田丸についてさまざまな発表がなされてきたが、実態はよくわかっていなかった。過去の映画やドラマに登場した真田丸は、撮影場所と経費の問題で、まるで野原にあったように描かれた。しかし攻防を描いた絵図が真田丸の南側は「秀頼の中間《ちゅうげん》衆の屋敷が多くある」と記したように、真田丸の周囲は屋敷や寺院が立ち並んだ市街地だった（「大坂真田丸加賀衆挿入ル様子」〈永青文庫蔵〉、「大坂御陣真田丸之図」〈前田育徳会尊経閣文庫蔵〉）。徳川軍は市街地であったため自由に大軍を展開できなかった。

場所ですら諸説あった。また真田丸が北側に接した大きな自然の谷に大きく張り出して立地したという説もあった。しかしそう考えると一六一四（慶長一九）年の大坂冬の陣後に、徳川軍は高さ一〇メートルほどの上町台地を何百メートルにもわたって掘削し、真田丸を地形ごと壊したと考えなくてはならない。しかし徳川軍はそうした大規模地形改変をしておらず、江戸時代の絵図が「真田山」と記したように山地形も残っていたのだから、この説は机上の議論としては面白くても史料的にまったく成り立たない。

そしていまは埋め立てられた「味原池《あじはらいけ》」が真田丸の南の堀とする説もあった。味原池は、大阪明星《めいせい》学園から南へ四〇〇メートルほどの場所にあった。しかし江戸時代の絵図は、味原池よりも北側に「越前築山《えちぜんつきやま》」、つまり福井の松平忠直軍の陣地があったと伝えている。もし失われた味原池が真田丸の南の堀だとしたら、すでに徳川軍は真田丸内にいたことになる。つまり真田丸が落城していないと、この説は成り立たない。さすがに真田信繁と真田の武士たちがこの説を聞いたら怒るに違いない。

現在は、大阪市天王寺区の大阪明星学園とその周辺が真田丸の跡地と確定した。大阪明星学園を中心に、心眼寺《しんがんじ》坂《ざか》の東側に南北に並ぶ寺院を含んだ範囲で、全体は四角いかたちと復元できる。それは江戸時代の大坂絵図が、大阪明星学園の場所を一貫して「真田山」

「真田出丸跡」「真田曲輪」と記したことからも明らかである。四〇〇年を超えたいまでも真田丸の堀跡は窪地状《くぼち》になった道路や地形でたどれる。従来、真田丸は半円形の姿に復元されたが、それは明確な誤りといえ、「大坂冬の陣図屛風《びょうぶ》」も四角く真田丸を描いた。それは信繁が既存の屋敷や寺院の敷地と建物を活《い》かして真田丸を築いたからだった。

二〇二〇年七月二三日から一〇月七日まで、大阪城天守閣で展覧会「大坂冬の陣図屛風（デジタル想定復元）完成記念、大坂冬の陣・夏の陣図屛風〜豊臣vs徳川　激闘の記憶〜」が開催された。デジタル彩色復元でよみがえった「大坂冬の陣図屛風」（現品は東京国立博物館蔵、凸版印刷が復元）を関西で初出陳した。この展覧会では大阪城天守閣所蔵の「大坂夏の陣図屛風」も展示し、本来の姿を取り戻した「大坂冬の陣図」と並んで一緒に見られるようになっていた。二〇二〇年八月二二日には「大坂冬の陣図屛風」デジタル想定復元の完成を記念して、凸版印刷の木下悠氏の司会のもと、大阪城天守閣館長の北川央《きたがわひろし》先生と私で「名場面から読み解く大坂の陣」オンライン特別対談をさせていただいた。北川先生は歴史の専門家であるだけでなく、演劇の脚本も執筆される多才な方である。対談でのお話も、高い学術性に華麗なボケとツッコミが一体化した創造的な「話芸」だった。分野を問わず、研究成果を北川先生ほどわかりやすく、笑いをとりながら伝えられる研究者は

上、現在の真田丸。道路右側の建物が大阪明星学園の校舎で、この写真に写っている範囲はすべて真田丸の城内＝筆者撮影
下、真田丸跡の記念碑。この記念碑がある大阪明星学園一帯が真田丸の跡地＝筆者撮影

稀《まれ》である。

市民に直接向き合う大阪城天守閣のお仕事を、先生が真摯《しんし》に重ねてこられたから到達した境地だと思う。社会に研究を伝える達人に接して心と技を学べたのは、対談のもうひとつの成果だった。

記憶の中の大坂の陣

『常山紀談』が伝える武士たちの姿

大坂の陣は徳川が豊臣を滅ぼして江戸幕府の政治体制を盤石にした戦いだった。大坂の陣では真田信繁や後藤又兵衛の活躍が広く伝えられる一方で、豊臣方の総大将だった秀頼の決断は評価されてこなかった。

しかし秀頼は大きな被害が出るのを承知で淀川の堤防を切り、大坂城の北側や東側を水浸しにして徳川軍の包囲を阻んだのをはじめ、大きな軍事的リスクを避けながら堅実に戦いを指揮した。武将としての秀頼はもっと再評価されてよいと思う。

さて江戸時代に湯浅常山《ゆあさじょうざん》が戦国武将たちの逸話を集めて編纂した『常山紀談《じょうざんきだん》』は大坂の陣に関わる記事が多い。両軍合わせて三〇万人もの軍勢が激突した大坂の陣は、さまざまなかたちで記憶された。逸話を紹介しながら記憶の中の大坂の陣をたどってみたい。

一六一五（慶長二〇）年、豊臣と徳川の最終決戦となった大坂夏の陣において、豊臣軍は野戦に臨むしかなかった。前年の大坂冬の陣の講和条件として、大坂城の内堀以外の堀を埋めたためである。しかし豊臣軍は単純な野戦を挑んだのではなく、八尾・若江の戦い（大阪府八尾市・東大阪市）、道明寺・誉田《こんだ》の戦い（大阪府柏原市・藤井寺市など）、天王寺・岡山の戦い（大阪市）のいずれでも、河川や谷・古墳などを利用してくふうして戦った。

豊臣軍と徳川軍が激突した豊臣大坂城物構えがあった上町筋の現状＝筆者撮影

道明寺・誉田の戦いは、大和（奈良県）から進出してくる徳川軍を、豊臣軍が迎え撃った合戦だった。徳川軍は水野勝成《みずのかつなり》を総大将に、堀直寄《ほりなおより》、松倉重政《まつくらしげまさ》、伊達政宗《だてまさむね》など三万四千の軍勢。徳川軍の動きを察知した豊臣軍は夜のうちに移動を開始し、有利な場所に布陣する作戦を立てた。

後藤又兵衛の奮戦を伝える記念碑＝大阪府柏原市、筆者撮影

しかし当日は霧の深い日だったと伝えられ、総勢一万八千ほどの豊臣軍はばらばらになってしまった。最初に戦域に到着した豊臣軍の後藤又兵衛（基次）は、単独で徳川軍と戦って戦死した。その後、真田信繁たちが駆けつけて徳川軍に打撃を与えたが最終的に退却した。

総大将の勝成は、夜間に松明《たいまつ》の列がこちらに進んでくるのを見て「敵が接近してきている。注意をおこたるな」と指示を与えた。それを聞いた直寄は「勝成は物事に精通していると聞いていたが、たいしたことはない。敵が松明を灯《とも》して進軍がばれるようにするはずがない。敵ではない」と断じた。

しばらくして勝成から再度の連絡があり「松明がすべて消えたので敵ではなかった」と伝え

てきた。しかし直寄は「やはり敵である。明かりを灯してきたが、わかっている者がいて松明を消させたに違いない」と判断した。そのとおり松明の正体は豊臣軍の又兵衛隊だった。

またこんな話も載せている。岡山藩主池田利隆《いけだとしたか》に仕えた武士、斎藤織部《さいとうおりべ》は、西国道を逃げてゆく豊臣軍の武士に追いついた。織部が討ち取ろうとしたとき、その武士は「落ち武者の首を取ってもたいした武功といえないでしょう。どうか助けてくれませんか」と語りかけてきた。織部は従者が腰につけていた池田軍の標識・相印《あいじるし》をその武士に与えて「急いで落ちのびなさい。もし見とがめられたら、池田家中の斎藤織部の従者といいなさい」と教えて助けた。

後日、織部の友人が訪ねてきて「大坂の落ち武者に縁者がいるのだが、相印まで与えられて無事脱出できたと申している」と伝えた。織部は「その武士を討つのはたやすかったが、降参した落ち武者を斬ってもどれほどの手柄になるだろうか。人を斬ることだけを武と思うのは大間違いだ」と述懐したという。

豊臣軍の大将の一人として戦った明石全登《あかしてるずみ》は、大坂落城後に行方不明になった。全登の家臣だった沢原孫太郎《さわのはらまごたろう》は戦場で徳川軍に捕らえられ、全登の行方について連日厳しい尋問

夕日の大坂城＝筆者撮影

を受けた。尋問中に孫太郎が涙を流したので、ついに白状するかと思って徳川の武士が全登の行方をたずねた。

すると孫太郎は「武士たる者が骨を削られても主君の行方をいうわけがない。大坂の陣で豊臣が勝てば、あなたたちは徳川家康と秀忠を落ちのびさせようとしたでしょう。あなたたちが捕まって、いま私がされているような尋問を自分が受けたら、白状してしまうと思うから、徳川の侍はこんな厳しい尋問をしているのだと思って涙が出たのだ」と答えた。その話を聞いた家康は「たぐいまれな忠義の武士である。よくいたわってあげなさい」と命じて赦免し、孫太郎の子孫は武士としてつづいた。

この二つの話は、現代の私たちも日々問いかけられる重大な問題を含んでいる。情報をどう判断するか。勝成と直寄の違いのように、事実をつかめば正しく判断できるとは限らない。

絶体絶命のピンチにどうふるまうか。孫太郎のふるまいに見るように、敗者には負け方が、勝者には勝ち方があった。論争の相手を徹底的に論破するディベートの達人がかっこいいというが、正義の反対はもうひとつの正義であったりする。やはり、いまも負け方、勝ち方があるのではないか。情報の背景や今後の展開を適確に理解して、私たちははじめて正しい判断と行動ができる。事実だけでなく情報を多角的に伝える新聞を読む意義は、改めて大きいと思う。

功を詐称する武士

岡山藩主池田家に仕えた村山越中の恥ずかしい話。冬の陣で大坂城を攻めた池田軍の中に、武勇に優れ藩主の伝令役を務めた武士、毛利孫左衛門がいた。この孫左衛門に先陣にいた池田家の武士、村山越中が次のように話しかけた。「朝から敵の近くで頑張ったので疲れました。ほら見てください。指物《さしもの》（背中につけた旗）が、大坂城からの射撃でさんざんに撃ち破られてしまったほどです」

指物を鉄砲で射貫《いぬ》かれるほど接近して戦ったとすれば、村山越中の奮戦は賞賛に値する。しかし孫左衛門はその旗を見て「我は五〇〇人の武士の中から選抜されて名誉の母衣《ほろ》（甲冑《かっちゅう》の背中につけた布で、風船のように膨らませて矢を防いだ防具）を許可された者である。そんな嘘《うそ》にはだまされない。村山越中が陣地から出て戦っていないのは明らかである。陣地の上に出た指物の先だけが撃ち抜かれているのが、その証拠だ」と即座に見破った。越中は返す言葉もなかったという。

誰しも自分の手柄は大げさに伝えたくなる。それが単なる自慢ではなく、昇給や昇進・就職につながることなら、ますます話を盛りたくなってしまう。そして私は、村山越中の話に過日の国政選挙を思い出した。立派な成果を上げたと力説する演説をあちこちで聞いたが、先だけが撃ち抜かれた指物を恥ずかしげもなく掲げた人が交じっていなかっただろうか。

組織に求められる武将の能力

大坂の陣では徳川の一族も加わった。家康の孫で、将軍秀忠の娘を妻にしていた越前六八万石の太守《たいしゅ》、松平忠直《まつだいらただなお》もその一人だった。忠直は大坂冬の陣で真田信繁が守る真田丸の攻撃に加わり、大坂夏の陣では信繁を討ち取って大坂城へ一番乗りを果たすなど戦果を上げた。

しかし大坂の陣後、江戸幕府への不満を募らせ、家臣とのいさかいを起こしたりした結果、秀忠によって隠居を命じられた。そして忠直は現在の大分県方面へ配流となり失意の中で一六五〇（慶安三）年に死去した。徳川一門として安定した立場を手にした忠直は、どこで選択を間違えたのか。

大坂冬の陣で徳川家康が本陣を構えた茶臼山＝筆者撮影

『常山紀談』は忠直が家康に見限られた瞬間を記している。大坂冬の陣がはじまり、家康の本陣に諸将が集まった。家康が「敵味方の諸将の持ち場を記した布陣図をそれぞれ取り出して見よ」と指示した。武将たちが持参した図に目を落とすなか、忠直は大坂城の堀や石垣を美しく彩色した図を広げた。家康はそのようすをひと目見て「役に立たない」と判断し、この瞬間に忠直を見限ったという。

城攻めでは担当場所の交代がしばしばあり、また戦況も刻々変わった。だから、大将は美しくて手の込んだ図ではなく、常に最新情報にアップデートした簡明な図をもとに判断することが求められた。手間暇をかけて美しく整えた図をよしとする大将ではだめだと家康は断じたのである。美しい布陣図は、もしかしたら殿様用の図だからと家臣が気を利かせた結果だったかもしれない。しかし、そうであっても彩色図は不要と判断する大将の決断を、家康は忠直に求めた。

組織を率いるトップの判断は、いまも昔もたいへん重い。しかし、いまでもトップに情報を伝えるのに、しかるべき部署を通して手順を踏んで、書式も整えなければ許さないと考えている会社があるように思う。そうこうするうちに情報の鮮度は落ち、トップが判断するタイミングは遅れる。戦国の世のように目まぐるしい現代は情報の精度と速さが求められる。みなさんの会社は彩色した美しい図を社長にもたせてはいないか。

徳川大坂城

二代将軍秀忠が完成させた石垣の最高傑作

関西には史上名高い城が多い。あまりに名城ぞろいなので私も「どの城が一番好きですか」とよくたずねられて、これほど困る質問はない。ひとつひとつの城には固有の魅力があり、単純に優劣は決められない。そうしたなかで「関西で石垣の城のおすすめはどこか」と問われれば、迷わず大坂城をあげたい。

大坂城は豊臣秀吉の居城として名高い。しかし、現在の大坂城の石垣は一六一五（慶長二〇）年の大坂夏の陣で豊臣家が滅んだ後に、二代将軍徳川秀忠が築かせたものである。秀忠は徳川の威信をかけて工事を進め、完成後は自身の居城にする計画もあったようだ。

豊臣大坂城と徳川大坂城の違いはいろいろあったが、石垣に注目すると二つの大坂城の違いがわかりやすい。

たとえば、豊臣時代には石垣を一度に高く積めなかったので、セットバックしつつ石垣を重ねた「段石垣」だった。それを秀忠はひとつの石垣がそびえ立つ「高石垣《たかいしがき》」に改めた。また、豊臣時代は主に自然石を積んだ石垣であったのを、秀忠は人工的な切り石に改めた。しかも、使用する石材の大きさに基準を設けて、規格外の石を使わせなかった。結果として整然とした今日見る大坂城の石垣が完成した。つまり、現在の大坂城の石垣は、わが国の築城技術が頂点に達したときに予算を惜しまず、先端技術を結集してできた最高傑作だった。

そうした大坂城を中心にした大阪城公園は目覚ましく整備が進み、いまや複数のレストラン、コンビニに加え、マジックショーの劇場まである。日本各地だけでなく、海外からの方にも日本の城を体感していただける環境が整ったのはうれしい。

上、上町台地の北端に位置した大坂城。高石垣と巨大な堀が圧倒的な歴史的景観をつくる＝筆者撮影
下、発掘された豊臣大坂城詰丸石垣＝筆者撮影

しかし、現在の大阪城公園の整備はいささかアミューズメント施設の充実に注力しすぎではないか。史跡内に本物の大坂城を訪ねて体感すべき石垣の見どころを説明した案内板は、ほとんど見当たらない。

周辺の公園整備に加え、石垣の歴史的意義を伝える史跡整備が進めば、大坂城内レストランの窓の外の景色はただ美しいだけでなく、深く知的な意味をもって広がる。大坂城の整備はそういうものであってほしい。

4章

どうする家康

——城から見た家康

庭に立って家康を考える（京都 二条城）

1　人質から三河支配へ

今川館

義元のもとで最高の教育を受ける

近年、浜松城をはじめ、徳川家康ゆかりの城の調査が行われており、城から家康を捉え直せるようになってきた。そこで城の最新成果にもとづいて家康を考えていきたい。家康が生まれた三河は戦国期には武士が分立し、家康の父、松平広忠《まつだいらひろただ》は三河の主権をめぐって戦った。その戦いは一族間だけでなく、西の織田信秀《おだのぶひで》、東の今川義元《いまがわよしもと》がからんで混迷を極めた。

一五四七（天文一六）年には今川義元と連携した信秀が三河へ進攻し、松平一族の安祥《あんしょう》城（愛知県安城市）を攻め落とし、松平氏本拠の岡崎城（愛知県岡崎市）を包囲して広忠を降伏させた。家康はこの年に織田家へ人質として出された。

従来は今川の人質になる道中に家臣が裏切って織田の人質になったと説明されたが、広忠が信秀との戦いに敗れたので、家康は信秀の人質になったと考えるべきだろう。家康はこのとき六歳。最初から「どうする家康」である。

いったんは連携した信秀と義元はすぐに決裂し、岡崎城の南東九キロの丘陵地帯が松平を巻き込んで織田・今川がにらみ合う最前線になった。その最中の一五四九（天文一八）年に広忠が死去してしまった。義元はこの機を逃さずに軍事攻勢をかけて信秀を圧倒し、西三河を制圧して織田が押さえていた安祥城も奪った。

一五四九（天文一八）年に織田信秀は子の織田信長に家督を譲った。信秀が病によって身体の自由を失ったため、一六歳の少年へ緊急の代替わりを行った。三河国を攻めて領土を拡張してきた信秀だったが、駿河・遠江《とおとうみ》国を治めた太守《たいしゅ》・今川義元が三河の松平氏を軍事支援して反撃を開始していた。病身の信秀は指揮を執れず、先述したようにこの年には西三河の要衝である安祥城の今川軍による奪還を許した。

安祥城の攻防戦後の捕虜交換で、家康は今川方に返された。しかし家康は岡崎城に戻れたのではなく、そのまま義元本拠の静岡市の今川館《いまがわやかた》に連れられ、今度は今川の人質になった。ただし人質といっても家康は、義元に従う松平氏の当主として今川館の近くに屋敷を与えられ、西三河の武士たちは駿府の家康への臣従を求められた。

上、復元した駿府城東御門＝筆者撮影
下、復元の進む駿府城。この地下に今川館が眠っている＝筆者撮影

幼い家康が、父広忠でさえ完全にコントロールできなかった三河武士たちを従え、大名として生き残るには、義元の後ろ盾が不可欠だった。また義元は西三河の武士たちを対織田戦の先兵として使うために家康が必要だった。

今川館は現在の駿府《すんぷ》城と重なっていると考えられている。今川館は一辺一〇〇メートル級の大型館城《やかたじろ》で、その周囲にはやはり堀や溝をめぐらした武士の館が群在した。そのひとつが家康の館だったと想定される。家康は義元のもとで最高の教育を受け、正妻築山殿《つきやまどの》（瀬名姫）を迎えた。今川館時代の家康はそれなりに幸せだった。しかし三河武士たちとは疎遠で、強い信頼関係があったとはいえなかった。

善照寺砦・桑下城

城を破却して信長への恭順を示す

一五五二（天文二一）年に信秀が死ぬと、三河との国境に領地をもった名古屋市の鳴海《なるみ》城主山口教継《やまぐちのりつぐ》が信長を見限って義元に従った。これによって、尾張国内に公然と「親今川の勢力」が出現した。織田のおよそ一〇倍という圧倒的な今川の軍事力を前に、織田家中は現状追認派が多数を占めた。しかし信長は義元の「一方的な現状変更」を認めず、戦いを選んだ。

その後、義元は鳴海城と同じく名古屋市にある大高城《おおだか》に、自らの直臣である岡部元信《おかべもとのぶ》、朝比奈泰能《あさひなやすよし》を入れて尾張南東部の支配を固めた。信長は、鳴海城・大高城のまわりに監視のための付城《つけじろ》を築いて包囲し、領土を回復しようとした。一五六〇（永禄三）年、付城が奏功して両城の落城が迫ると、義元は「信長軍の攻撃で危機に陥った家臣を救う」ため出陣した。徳川家康もその先備えを務め、大高城の解放と兵糧の搬入に成功した。

信長は義元の出陣を予測していた。そのため今川方の鳴海城東側に、今川軍の侵攻状況を把握するための善照寺砦《ぜんしょうじ》をあらかじめ築き、迷わずこの砦に入った。名古屋市にあるこの砦は従来、鳴海城を包囲した砦のひとつとされてきた。しかし、現地に立つと、この砦は鳴海城を監視するのとは反対側の丘陵先端にあって、今川軍の動きをつかむレーダー基地の役割だったとわかる。この善照寺砦で義元本陣が主力軍から孤立して布陣するのを発見した信長は、義元本陣を急襲して勝利した。

この桶狭間《おけはざま》の戦いは徳川家康にとって大きな転機になった。今川義元の死によって、家康は自立した戦国大名になれた。そして、家康は織田信長と同盟を結んで尾張との戦いに終止符を打ち、東へ領国を拡大していった。

公園になった善照寺砦跡。土手はもとの城壁で、手前の平場の地下には空堀が埋まっている＝筆者撮影

さて、桶狭間の戦いは、大軍を率いた義元が信長による本陣直接攻撃を受けて不覚をとったと説明されてきた。確かに桶狭間だけを見ればその理解は間違いではない。しかし、広い視野で城から見直すと、信長勝利の秘密が読み解ける。尾張と三河は南北に長く国境を接した。攻める義元はどこからでも尾張へ進出できた。守る信長が長い国境を等しく守ろうとすれば、兵はまばらになった。信長にとっては、義元の進撃ルートを見定めて、兵を集中するしか勝利の可能性はなかった。

予測される義元の進出ルートは二つあり、ひとつは現在の愛知県豊田市から瀬戸市へ抜け、庄内川に沿って進む道だった。このルートは家康の祖父、松平清康《まつだいらきよやす》が尾張攻めに用い

発掘で判明した桑下城。断面に意図的に埋められたV字形の堀が見える＝筆者撮影

た実績があり、信長の清須城へ最短距離で進軍できた。そこで義元も瀬戸市に品野《しなの》城と桑《くわ》下《した》城という拠点を構えて、この攻め口を確保した。そして、もうひとつのルートが実際に起きた桶狭間を通る道だった。

信長は一五五八（永禄元）年に品野城・桑下城を攻めた。義元の攻め口を潰そうとしたのだった。信長は付城で城を包囲したが、城兵の逆襲に遭って大敗してしまった。そこで信長は次に桶狭間ルート上にあった義元の進出拠点、鳴海城と大高城（いずれも愛知県名古屋市）の周囲に付城を築いて城を締め上げた。兵糧《ひょうろう》が欠乏した両城は義元に援軍を求め、ついに義元が桶狭間に進んできたところを信長が攻撃して勝利した。つまり戦いの場所やタイミングを決めるイニシアチブを握っていたのは信長だった。

山城の品野城と丘城の桑下城は二つが一体になって国境を押さえた。愛知県埋蔵文化財センターによる桑下城の発掘成果によると、城の堀は意図的に埋め戻されていて、大きな堀があるとは発掘前には気がつけないほどだった。これは城をわざわざ破却した証拠で、歴史的背景から見て、徳川家康が信長と戦わない証しとして壊したと考えられる。ていねいな城の破壊は、家康の律儀な性格と信長への厚い信頼を物語っている。

本證寺

厳しく対峙した三河一向一揆

一五六〇(永禄三)年五月に桶狭間の戦いが終わると、家康は岡崎城(愛知県岡崎市)に入り、翌六月には周囲の寺院に対して安全や特権を認めた。家康は自立した大名として活動しはじめた。そして西三河の各地に家康は勢力を広げていった。義元の跡を継いだ今川《いまがわ》氏真《うじざね》も西三河を確保しようと軍勢をさし向けた。しかし今川軍は次第に劣勢になって、一五六三(永禄六)年頃には家康の西三河統一と、その先につづく東三河の今川領への進攻が見えてきた。

さて、ここまで家康と記してきたが、正しくは一五六三（永禄六）年までは今川義元から与えられた元の字を用いて元康と名乗っていた。しかしこの年に名を家康と改めた。家康の自信がうかがわれる。しかし好事魔多し。家康の前に難敵、三河一向一揆《いっこういっき》が立ちふさがった。

三河の浄土真宗本願寺教団は、岡崎市の上宮寺《じょうぐうじ》・勝鬘寺《しょうまんじ》、安城市の本證寺《ほんしょうじ》を中心に、国中に道場や末寺を張りめぐらした。そして寺領に対しては家康の課税権も警察権も裁判権も認めない不入《ふにゅう》の地と主張した。その浄土真宗の寺から家康の家臣が兵糧を強制徴収した。すぐに門徒は力ずくでそれを奪還した。家康は寺に使者を送って話し合おうとしたが、その使者は斬り殺されてしまった。

家康は寺内に兵を入れて犯人を捜索して処罰した。これに対し教団は不入の特権を破られたとして一揆を起こし、本證寺を中心に家康に立ち向かった。農民や町人・職人だけでなく、家康に従っていた武士も家臣を離脱して一揆に加わった。エスカレートする事態は、まさに「どうする家康」だった。

本證寺は、現在も寺を囲む内堀と周囲の寺内町を囲んだ外堀がよく残り、当時のようすが体感できる。堀や土塁は天正期に再築したものだが、規模は一向一揆時代と同じで、武

上、堀をめぐらした本證寺。1585（天正13）年に家康は本證寺に三河への還住を認め、再び堀などを構えた＝筆者撮影
下、本證寺を守った堀＝筆者撮影

士の城を超える大きさだった。寺内町の発掘ではさまざまな職人がいたと判明していて、寺内町が特権に守られ、城下町に劣らない経済・技術・情報を集めた都市だったとわかる。

三河一向一揆は一五六四（永禄七）年までつづいて、家康と本願寺教団は和睦した。ただしすぐに両者は決裂して、本願寺教団は家康領から追放された。家康は戦いの過程で反家康の武士も一掃したので、この戦いを経た家康は西三河の支配を確立した。

堀川城

一揆の芽を潰し、浜名湖掌握

一五六四（永禄七）年末、家康は本證寺（愛知県安城市）など三河一向一揆の拠点になった本願寺の寺院を国内から追放して、一揆の最終的な対処を終えた。その一方、家康は今川領の東三河への進攻を同年四月頃から開始して、翌年三月頃には吉田《よしだ》城（愛知県豊橋市）を手中に収め、一五六六（永禄九）年までに三河の統一を果たした。その上で家康は三河支配の正統性を担保するため、従五位への叙位と三河守への任官を目指した。

武家が朝廷から正式の位官を得るには将軍の推薦が必要だった。しかし室町幕府の将軍足利義輝《あしかがよしてる》は前年に殺害されていて、将軍からの推薦は不可能だった。そこで家康は公家の

静岡県浜松市の堀川城跡にある首塚。討ち取られた人びとを供養したという＝筆者撮影

近衛前久《このえさきひさ》を頼った。氏《うじ》の長者《ちょうじゃ》はその一族の者に対し朝廷に叙位を推薦できたからである。前久は古い記録の中に得川（徳川）の名字をもつ家来を見つけさせ、家康を氏人として推薦した。この結果、家康は一五六六（永禄九）年一二月に従五位下に叙位され三河守に任官した。家康の三河支配は朝廷の公認を得た正統なものになった。

次に家康は遠江国（静岡県）の今川領への進攻を開始した。三河と遠江の国境周辺の小さな地侍《じざむらい》（国衆《くにしゅう》）を味方につけた家康は、一五六八（永禄一一）年一二月に引馬城《ひくま》（現在の浜松城）を落とした。しかし浜名湖周辺には反家康の国衆がいて、武士たちが領主一揆を結んで住民とともに家康に抵抗した。そのひとつに浜松市北区の堀川城《ほりかわ》があった。

堀川城は浜名湖北端にあり、潮が満ちると船でしか近づけず、干潮であっても出入り口はひとつだけという城だった。現在は周囲の埋め立てが進んで城の遺構は見られないが、いく筋もの川が囲んだ地形を活《い》かした水城《みずじろ》だった。浜名湖の水運を家康が握るためにも、この城の攻略が求められた。

一五六九（永禄一二）年三月、家康は堀川城を急襲した。一七歳の大久保甚十郎が左頬を鉄砲で撃たれて戦死するなど城からの抵抗は激しかったが、家康はついに城を攻め落とした。そして家康は生き残った城内の男女を「ナデ切リ」にした（『三河物語』）。武士と住民がひとつになって戦った一揆の地域を従わせるためには、厳しい処断が避けられないと家康は判断したのである。大名にとって一揆は、それほどに恐ろしいものだった。

2　武田氏滅亡への道

二俣城

信玄、家康の鼻先まで迫る

徳川家康は一五七〇（元亀元）年九月に居城を岡崎城（愛知県岡崎市）から浜松城（静岡県浜松市）へと移した。『当代記』によれば家康は一五六九（永禄一二）年秋から、静岡県磐田市の見付《みつけ》城を新たな居城として工事していたが、織田信長の意見によって浜松城に変更したという。見付城は天竜川より東にあって援軍が難しく、武田氏との戦いの前線に近すぎるのを信長は心配したのだった。

浜松城の本城は「惣廻《そうまわり》石垣」で、石垣の上には「何《いず》も長屋《れ》」、つまり、多聞櫓《たもんやぐら》を建てたと『当代記』は記した。近年の発掘の成果から、浜松城の石垣を築いたのは家康の後に浜松城に入った堀尾吉晴《ほりおよしはる》とされてきた。しかし浜松城の富士見櫓《ふじみやぐら》石垣など家康時代にさかのぼる型式の石垣が実際にあり、また家康時代の三河には石垣の城がいくつもあったので、家康は浜松城の主要部に石垣を築いたと考えたほうが自然である。

一五七二（元亀三）年正月、武田信玄は関東の北条氏と和睦して徳川領への進攻環境を整え、七月に遠江に接した東三河の国衆の連合「山家三方衆《やまがさんぽうしゅう》」を調略で味方に引き込んだ。そして一〇月、信長が心配したように信玄がついに軍事行動を開始した。静岡県東部の駿《する》

静岡県浜松市の二俣城の本丸出入り口。発掘で櫓門が建っていたと判明している＝筆者撮影

河《が》国から大井川を越えて遠江国《とおとうみ》へ進んだ信玄直属の本隊と、伊那谷《いなだに》経由で東三河に進攻した別動隊が連携して家康領に攻め込んだ。信玄は一〇月後半に静岡県掛川市にあった要衝、高天神《たかてんじん》城を開城させ、見付を越えて一一月には浜松市天竜区の二俣《ふたまた》城を包囲した。

　二俣城は天竜川の断崖を背にした山城で、浜松城とは一八キロしか離れていない。天竜川が拓《ひら》いた渓谷と下流の平野部の境に位置したこの城は、浜松城の北を守る最も重要な支城だった。二俣城は天竜川から滑車で吊《つ》ったつるべで水を汲《く》んでいた。それを発見した武田軍は、上流から多数の筏《いかだ》を流してつるべを破壊した。水の手を断たれた城兵は降伏して、城は信玄の手に落ちた。現在、二俣城は国の史跡として調査が進み、激戦の跡をよく留《とど》める。近接する鳥羽山《とばやま》城とともに史跡整備が進む予定である。

二俣城を落として悠々と浜松城の北を西へと進む武田軍を、家康は三方ヶ原に追撃した。しかし家康は大敗して浜松城に命からがら逃げ帰った。武田軍は城のそばまで攻め寄せたが、再び西へ進軍した。

古宮城

長篠合戦はじまる

一五七二(元亀三)年の三方ヶ原の戦いで徳川家康に勝利した武田信玄は、三河国に向かって進軍し、野田《のだ》城(愛知県新城市)を攻めた。武田軍は駿河国で編成した水軍が海から三河を攻撃して、陸と海から家康を追い詰めた。家康は吉田城(愛知県豊橋市)に入って織田信長に援軍を要請したが、信長は畿内の戦いで身動きがとれなかった。一五七三(元亀四)年になると三河や遠江の一向一揆も信玄に呼応しはじめた。またもや「どうする家康」の危機だった。

ところが野田城を落とし圧倒的に有利な状況にあった武田軍は、二月一七日に撤退を開始した。信玄は病を得ており、四月一二日に長野県阿智村《あち》の駒場に没した。家康は信玄の死で大きな危機を脱した。信玄の跡を継いだ武田勝頼は、遠江国と三河国の領地を維持するために境目の城に武将を派遣した。古宮城《ふるみや》（愛知県新城市）は武田氏の三河進攻と支配の拠点だった。

勝頼への代替わりの隙《すき》を狙って家康は反撃を開始した。一五七三（元亀四）年七月頃から長篠城《ながしの》（愛知県新城市）を包囲した。勝頼は真田昌幸《さなだまさゆき》を派遣して救援したが、同年九月に家康が長篠城を奪還した。さらに家康は武田に従っていた地侍の連合「山家三方衆」を切り崩し、奥平《おくだいら》氏の一部を味方にした。離反に気がついた武田軍は古宮城から出撃して戦いになり、勝頼は人質にしていた奥平氏の男児を処刑した。

一五七五（天正三）年三月には勝頼が東三河に攻勢をかけ、古宮城を拠点に現在の愛知県豊田市から豊橋市まで軍を進め、反転して五月一日から長篠城を包囲した。家康から援軍要請を受けた信長は、今度は大量の鉄砲を準備して出陣し、家康とともに長篠城の西の設楽原《したらがはら》に五月一七日に陣を敷いた。武田軍も設楽原に進んで布陣し、五月二一日に史上名高い長篠合戦が起きた。この戦いに敗れた勝頼は多くの家臣を失って大打撃を受けた。

古宮城を守備した武田軍の番衆は合戦後に降伏して退去した。三河の武田軍が一掃され

上、古宮城に残る曲輪と土塁。城の歴史的価値と保存状況は国指定史跡にふさわしい＝筆者撮影
下、古宮城の横堀（上の写真の曲輪周囲にめぐる）＝筆者撮影

たので、その後、古宮城が再整備されることはなかった。そのため古宮城は馬出《うまだ》しを備えた武田流城づくりの最高事例のひとつになっている。なぜ愛知県と新城市はこれほどの戦国の名城を国史跡に指定する手続きを進めないのか、行政の無策が惜しまれる。

高天神城

徹底的な籠城攻め、武田氏凋落のきっかけに

静岡県掛川市にある高天神城は、徳川家康と武田信玄・勝頼が激闘を重ねた戦国の山城である。城からは遠州灘《えんしゅうなだ》を望み、河川で海と結ばれていた。今川義元が一五六〇（永禄三）年の桶狭間の戦いで討死すると、北からは武田氏が、西からは徳川家康が遠江の今川領に攻め込んだ。高天神城主の小笠原長忠《おがさわらながただ》は家康に従った。

しかし一五七二（元亀三）年一〇月に武田信玄は徳川家康・織田信長と断交して出陣。武田軍は徳川領の東三河と遠江に襲いかかり、信玄率いる本隊は高天神城を攻めた。圧倒的な武田軍を前に、このとき城主の小笠原氏助は降伏して開城した。高天神城は武田の城になった。ところが武田軍が西へ移動し、さらに翌年四月に信玄が病死すると氏助は徳川に帰参して、家康は高天神城を取り戻した。

これで城に平和が訪れるように思えたが、一五七四（天正二）年五月に信玄の跡を継いだ勝頼が高天神城に攻め寄せた。城主の氏助は勝頼と和平交渉をして時間を稼ぎつつ、家康に援軍を要請した。城は五月末に本丸と周辺の曲輪を残すだけになっても戦ったが、六月一七日に降伏開城して、勝頼の軍門に降《くだ》った。勝頼の指揮はみごとで、信長が上杉謙信に宛てた手紙で、勝頼は信玄の掟《おきて》を守り表裏を心得た武将と評したほどだった。

ところが一五七五（天正三）年の長篠の戦いで武田軍が徳川・織田連合軍に大敗すると、再び家康が高天神城に迫った。勝頼は長篠の敗戦からわずか三カ月後という短期間に一万三千人もの大軍を率いて救援し、高天神城に兵糧を入れた。その後一五七九（天正七）年一二月に家康は、高天神城の周囲に付城網を整備して、本格的な包囲戦を開始した。家康の包囲によって兵糧や兵員の補給を断たれた高天神城は、驚くことに足かけ三年もの間、攻撃に耐えて籠城をつづけた。しかし勝頼の援軍はついになく、一五八一（天正九）年正月に城兵は家康に降伏を申し出た。

家康は信長に相談した上で、城兵の降伏を許さなかった。すべては勝頼の面目を失わせるためだった。進退きわまった城兵は三月二二日夜に徳川軍に突撃し、六八〇人余りが戦死した。勝頼は武田を信じて前線で戦う家臣を見殺しにしたことで、権威と求心力を失っ

高天神城に残る長大な横堀。武田軍が徳川軍の攻撃を防いだ＝筆者撮影

た。高天神落城は武田家滅亡への転機だった。

3 秀吉との激突

上田城・砥石城

昌幸はなぜ籠城戦に勝利したか

一五八二（天正一〇）年二月一二日に織田信長の嫡男《ちゃくなん》信忠が大軍を率いて岐阜城から出陣し、武田領の信濃へ進攻した。勝頼は高天神城（静岡県掛川市）の城兵を見殺しにしたため家臣の信頼を失っており、多くの武田方の城は織田軍に抵抗しなかった。徳川家康も二月に浜松城（静岡県浜松市）から武田領へ進撃を開始した。勝頼は三月三日に本拠の新《しん》府《ぷ》城（山梨県韮崎市）を焼いて岩殿《いわとの》城（山梨県大月市）に入ろうとした。しかし謀反に遭い、三月一一日に田野《たの》（山梨県甲州市）で自刃《じじん》した。

家康は信長から駿河一国を恩賞として与えられたが、これは家康が信長の同盟者から家臣になったことを意味した。ところがその信長が一五八二（天正一〇）年六月の本能寺の変で亡くなり、家康は甲斐・信濃に軍勢を進めた。そしてこの地域には北から上杉景勝《うえすぎかげかつ》、東から北条氏直《ほうじょううじなお》も進軍していて、三者は激突することになった。

信濃の国衆であった真田昌幸《さなだまさゆき》は、まず景勝に従い、ついで氏直に従ったが、家康の進出を好機として家康の家臣になった。昌幸の働きで家康は氏直を撤退させることに成功した。しかし家康は昌幸が独力で得た群馬県沼田周辺の真田領を、氏直に割譲する約束をしてしまった。

翌一五八三（天正一一）年になると長野県上田市周辺が徳川領と上杉領との最前線になった。上杉軍は上田市の北西にそびえる虚空蔵山城《こくぞうさん》を拠点にした。上杉軍と直接対峙《たいじ》した昌幸は、三月に一族の加津野昌春《かづのまさはる》を通じて、家康は景勝と戦うつもりはないと申し入れた。ところがその六日後、昌幸は虚空蔵山城を急襲して大打撃を与えた。いくら戦国の世とはいえ、これはひどい。

上杉と徳川の軍事的緊張は一気に高まった。この事態を受けて家康は四月に虚空蔵山城の南東にある千曲川の河岸段丘、尼ヶ淵《あまがふち》の上に、徳川の最前線の城として上田城を築かせた。上田城といえば真田の城として名高いが、近年の研究で家康が築かせた城であったと明らかになった。しばらくして昌幸は、上田城を家康からもらい受け、自らの居城にした。

家康は昌幸に沼田周辺の領地を北条に渡すよう何度も指示した。しかし昌幸は拒否しつづけ、ついに景勝の家臣に戻って家康に敵対した。怒った家康は一五八五（天正一三）年に鳥居《とりい》元忠《もとただ》ら八千人の軍勢をさし向けたが、昌幸の巧みな指揮に徳川軍は大敗し、上田城を落とせなかった。

戦国期には多くの籠城戦が行われた。武将が籠城を選択したのは、野外で戦っては敗北必至の戦力差があるなど、不利な状況を城の軍事性によって克服しようとしたからだった。基本的に、追い込まれたときに限って籠城＝つまりステイ・ホームが発動した。

兵農未分離で、敵の軍勢が村々から足軽《あしがる》を集めた構成であれば、田植えや稲刈りの農繁期が来るまで籠城して耐えれば勝利をつかめた。ところが兵農分離が進んで専業武士の集団になると、農繁期になっても敵は帰らず、ずっと城を包囲できた。これでは籠城戦の出口は見えない。

城を囲んでいる敵は食料や物資の供給を受けられたが、囲まれた籠城側は新たな補給が難しい。つまり籠城戦を指揮した武将は、家臣や地域の人びとにステイ・ホームを指示するだけでは、食料も物資も尽きて必ず負けた。籠城戦において人びとに城や町から出るな

上、上田城本丸の東大手門。1585年の戦いで徳川軍はこの周辺まで攻め込んだという＝筆者撮影
下、砥石城から見た長野県上田市街。真田昌幸は上田城を攻めた徳川軍の側面を突いた＝筆者撮影

と、行動の自粛を求めるだけの政策がいかに愚策であるかは、城の歴史が証明している。

それでは戦国の武将はどのように籠城戦を勝利に導いたのか。第一の策は、城を囲んでいる敵を打ち負かすほどの援軍が来ること。第二の策は、遠方の武士と同盟を結んで城を囲んでいる敵の領国の背後を突いて、敵が城を包囲しつづけられなくすること。第三の策は、籠城している主たる城の周囲に伏兵を忍ばせ、敵に完全な包囲をさせず、接近した敵に側面から打撃を与えることだった。

一五八五（天正一三）年に真田昌幸が籠城した上田城（長野県上田市）に、鳥居元忠たち徳川家康の軍勢が攻め寄せた上田合戦は、第三の策によって籠城側が勝利した典型例だった。上田城の北東に位置した砥石《といし》城などに昌幸は伏兵を配置し、徳川軍に大打撃を与えて勝利した。

このように籠城戦に勝利するには、城や城下の人びとに行動の自粛を求めるだけでなく、指揮官だから実行できる大きな戦略が立てられるか否かにかかっていた。家臣や住民の努力にもかかわらず、籠城戦に敗れた城は数知れない。しかし籠城戦にあって人びとをまとめ、卓越した指揮で勝利に導いた武将は、真田昌幸のように歴史を越えて人びとに語り継がれる。もし籠城戦を延長するだけの武将がいたとしたら、リーダー失格だと思う。

小牧山城

秀吉を大破した謎の作戦

一五八二（天正一〇）年六月に本能寺の変が起きて織田信長が自刃すると、誰が織田家を継ぐのかが大問題になった。柴田勝家《しばたかついえ》や羽柴秀吉など織田家の重臣が清須城《きよす》（愛知県清須市）に集まった清須会議の結果、信長の長男信忠の子で幼児だった三法師《さんぼうし》が織田家の後継者に決まった。ところが一〇月になると、羽柴秀吉、丹羽長秀《にわながひで》、池田恒興《いけだつねおき》などが清須会議の決定をくつがえし、信長の次男織田信雄を実質的な織田家の家督として擁立した。

しかし信雄が本当の天下人としてふるまいはじめると、信雄はたちまち秀吉と対立して一五八四（天正一二）年三月に、小牧・長久手の戦いがはじまった。この戦いで徳川家康は、信雄を助けて伊勢方面で戦うつもりだった。ところが尾張北端の犬山城が陥落し、北から羽柴軍が進攻してきた。そこで家康は作戦を変更し、小牧山（愛知県小牧市）に陣城を構築した。

小牧山には織田信長が一五六三（永禄六）年から築いた小牧山城跡があった。そこで家康は信長の城を利用しつつ強固な要塞《ようさい》を築いた。信長時代の小牧山城は中心部に石垣を築いていたが、敵前築城の家康に石垣を築く時間はなく、山の中腹と山麓に城を囲い込む二

小牧山城山麓の巨大な横堀。大軍が姿を隠して容易に進めた＝筆者撮影

重の横堀を掘った。そのため小牧山城は、石垣の城から土づくりの城へ変化するという特異な変遷を遂げた。

秀吉は強固な小牧山城に籠《こ》もる家康を誘い出そうと、家康領に攻め入る「三河中入り」作戦を実行した。秀吉は三河攻めを家康側にわざとリークした上で、家康が小牧山城から出るのを発見してたたくため徹底した監視網を整えた。しかし家康は羽柴軍の監視をすり抜けて城から出て、長久手の戦いで秀吉に大勝した。このときどうやって家康が極秘裏に小牧山城から出たかは長い間、大きな謎だった。

ところが小牧山城の発掘でその謎が解けたと考えている。ここでは千田説を紹介したい。なんと家康は山麓にあった城の出入り口の中を深く掘り下げ、城のまわりの空堀「横堀」の底につながるように改造していたのである。城からそのまま外に出れば秀吉に出陣がすぐばれてしまう。そこで家康は軍勢を城の山麓にめぐらした堀底に入れて進め、羽柴軍の死角になった南側にまわってから城を出たのである。この「トンネル作戦」が、家康の長久手合戦勝利の鍵だった。

岡崎城

秀吉の三河攻めに備えた軍事要塞地帯

一五八四(天正一二)年の小牧・長久手の戦いで徳川家康は、圧倒的な羽柴秀吉の軍に対して、小牧山城などの城を活用して互角に戦った。特に長久手の戦いでは秀吉に大打撃を与えた。その後、家康と同盟した織田信雄が秀吉との講和を受け入れたことで、家康も秀吉も撤兵して合戦は終わった。ここまでは家康の戦術の鮮やかさが際だつ展開であった。

ところが秀吉は、政治的圧力によって巻き返しを図った。家康の脅威になったのは一五八五(天正一三)年七月に秀吉が関白に就任したことで、秀吉は家康を天下人に反抗する立場に追いやって、家康を討つ正当性を手中にした。さらに秀吉は、家康に対して軍事的圧力もかけつづけた。家康領への攻撃準備を進め、大垣城(岐阜県大垣市)に家康攻めの軍

岡崎城本丸の堀。本丸を守った堀の外側は三つ連続した馬出しになっていた＝筆者撮影

事物資を集結しつつあった。この局面では秀吉の政治・外交の巧みさが光る。

家康は、関白軍が現在の愛知県東部にある三河地方から攻め込むと予測した。そして、三河の城の大改修を一斉に進めて軍事要塞地帯にしていった。三河の軍事要塞作戦の実像をよく示しているのが岡崎城（愛知県岡崎市）である。岡崎城は本丸の前面に反撃力を高めた出入り口、馬出しを三つ並列展開し、馬出しが相互に連携して強い抵抗ができるようにしていた。

さらに馬出しのひとつを天守と橋でつないで直結した。これは天守を防御正面に向けた最大の反撃拠点にするという驚異的な仕立てだった。天守が落ちれば落城を意味した。だから岡崎城は最後の砦を前線に投入するような捨て身の設計といえる。三河を絶対に渡さないと決意した家康の凄《すご》みが、岡崎城の姿にはあふれて恐ろしいほどである。

さらに三河の城を歩くと、いまは静かな村落に残る戦国の城跡が、一五八五（天正一三）年頃の技巧的な設計になっているのに気がつく。拠点の城だけでなく中堅的な城まで改修して、家康は地域ぐるみで関白軍を迎え撃とうとした。もしこの戦いが現実になっていたら、地域は甚大な被害を受けたに違いない。

いよいよ関白軍が三河に攻め入る態勢が整い、激突は不可避と思われた天正一三年一一月（一五八六年一月）に突然、天正大地震が中部地方を襲った。この地震は家康領にも秀吉領にも大きな被害を与え、これを契機に両者に講和の気運が高まった。一五八六（天正一四）年一〇月、大坂城を訪ねた家康は、秀吉に臣従の礼をとって忠節を尽くすと誓った。

駿府城

信長・秀吉の先を行く連結天守

一五八二（天正一〇）年に織田信長・徳川家康は武田勝頼を攻めて滅ぼした。これによって家康は、駿河など旧武田領を手中に収めた。一五八四（天正一二）年の小牧・長久手

駿府城で発掘された家康の天正期大天守台石垣＝筆者撮影

の戦い後も羽柴秀吉との戦闘態勢にあった家康は、翌八五（天正一三）年八月から駿府城（静岡市）を居城にする工事に着手した（『家忠日記《いえただにっき》』）。
拡大した領国を統治するのに最適な位置に居城を移すとともに、秀吉との戦いに備えるためだった。同年一一月には家康が現地指揮をして岡崎城（愛知県岡崎市）の改修工事を実施したように、秀吉の進攻に備えた防衛網の構築は、家康にとって最重要課題であった。
一五八六（天正一四）年九月一一日、家康は駿府城に入った。このとき駿府城は未完成で御殿周辺ができただけだった。家康が駿府入城を急いだのがわかる。こうしたなかで翌一〇月に家康と秀吉との講和が成立した。秀吉の母、大《おお》政所《まんどころ》を人質として岡崎城に迎えた上で、家康が豊臣大坂城に出向いて臣従の礼をとった。

秀吉の軍事進攻という危機を回避した家康だったが、駿府城の工事は継続した。一五八七（天正一五）年二月には二の丸堀の工事をしつつ、石垣の石材を運び込み、翌三月には石垣を積みはじめた（『家忠日記』）。そして同年一二月までに本丸の堀の工事も完了。一五八八年五月には大天守台石垣の、一五八九（天正一七）年二月には小天守台石垣の工事をはじめて四月に完成した。石垣完成後は即座に大小天守の建築工事を進めたので、一五八九年末頃には石垣をめぐらし、大小天守がそびえた家康の駿府城が完成したと思われる。

信長の安土城も秀吉の大坂城も天主（天守）は単立だったので、大小天守を連結した家康の駿府城天守はまさに先進の設計だった。さらに駿府城天守は信長の安土城と同じように凹《おう》面に金箔《きんぱく》を施した瓦を用いて、凸《とつ》部に金箔を貼った秀吉流とは異なる金箔瓦で飾った。秀吉への対抗心が光っていた。

現在、静岡市が駿府城の発掘をつづけている。そして発掘で見つけた天正期の天守台を、秀吉が建てさせたものと長く説明してきた。しかし同時代史料と発掘成果にもとづけば、静岡市の解釈が成り立つ余地はない。市役所の発表を無批判に報道してきた新聞社も反省してほしい。天正期の石垣も天守も「家康の城」である。

江戸城

関東異動、飛躍のチャンス

一五九〇（天正一八）年に豊臣秀吉は関東の北条氏を攻め、東国から東北に勢力を広げた。そして戦いが終わると秀吉は、徳川家康に関東への転封を命じ、家康は江戸を居城に定めた。秀吉の家康に対する異動命令は、しばしば家康を警戒したからだと説明されてきた。しかし家康は織田信長との同盟を結んだ時代から、西国ではなく東国への領地拡張を志向した大名だった。さらに北条氏の関東は家康領と接していて、戦国の常識としては敵の領地に接した家康は、豊臣軍の先備えとして活躍すべき立場だった。

つまり家康が「警戒され」「左遷されて」関東に異動したという説は、再検討が必要だと思う。そもそも関白豊臣秀吉に対して家康は忠実で有能な家臣として仕えており、秀吉が家康だけを目の敵にしたと証明する一次史料はない。それにもかかわらず、関東の家康領のまわりに豊臣恩顧の大名を配置して家康を監視させたとか、家康領のまわりにあった豊臣大名の城は建物の屋根に金箔瓦《きんぱくがわら》を葺《ふ》いて家康にプレッシャーをかけたという説がある。

しかし家康もそうであったように、この時期はほかの大名もすべて豊臣政権に従った大名だった。だから必然的に家康領の周囲の大名は、全員、豊臣大名であった。よく考えれ

江戸城大手門。江戸幕府の権威を象徴した＝筆者撮影

ば家康領の隣に非豊臣大名がいると想定するほうが非現実的で、家康領のまわりが豊臣大名領なのは当たり前だった。家康を監視するために豊臣大名を周囲に配置したという説は、そもそも理屈として成立しない。

また金箔瓦についても家康は信長の安土城の金箔瓦を実見していて、関東へ移る前の居城だった駿府城では、家康自身が金箔瓦を用いた。つまり家康が金箔瓦の城を見て豊臣の威光に恐れおののくと想定するのはとても奇妙である。城の研究が人気になるのはうれしいが、人びとや行政を迷わせるとすれば困ったことだと思う。

一方で関東への転封は、家康の家臣たちにとっては先祖代々の土地を離れるショックなことだった。浜松城時代の家康は城の周囲に家臣屋敷を集めきれておらず、有力家臣の統制に苦慮したとわかる。その状況を踏まえると、関東への移転を家康は、自分自身を頂点に家臣を編成して飛躍するチャンスと思ったに違いない。

清須城

天守に不審者、暗殺未遂事件

戦国期の尾張（現在の愛知県西部）では、清須城《きよす》（清須市）が政治的な中心だった。巨大な館城であった清須城は織田信長の次男、織田信雄によって近世城郭へと生まれ変わり、一六〇七（慶長一二）年には家康の九男、徳川義直《よしなお》が清須城主になって城と城下は大きく繁栄した。

しかし清須への一極集中が急激に起きたので義直時代の清須は武家屋敷と町屋が入り乱れて、都市プランは混迷を極めていた。そこで家康は一六〇九（慶長一四）年に城と町の名古屋への移転を決定した。そして翌一六一〇年正月一四日には家康自ら清須に入って名古屋城の平面設計を裁可した。

『当代記《とうだいき》』はこのときに清須城で起きた家康暗殺未遂事件を伝えている。家康の清須来訪

上、清須城の復興天守から見た本当の天守跡＝筆者撮影
下、清須城の復興天守。建つ場所は史実と異なり、建築意匠は史料にもとづくものではない＝筆者撮影

が決まると、清須城では徹底した設備の点検と清掃をはじめた。すると殿守（天守）上の段の戸がどうしても開かない。無理に押し開けてみると「鍵《かぎ》の手に輪違《わちが》い」紋の服を着た男が、砥《と》いだ槍《やり》の刀身《とうしん》二つを備えて室内にいた。尋問すると尾張猿投《さなげ》（現在の愛知県豊田市）の者という。盗人でもないとしてすぐに成敗しないでおいたら、発見当日かその翌日に亡くなったという。

もし清須城の武士が点検や掃除をさぼったまま家康が到着し、築城予定の名古屋城方向を眺めようと天守上の段に登ったら、「鍵の手に輪違い」紋の男と遭遇して一大事になった可能性があった。家康の清須来訪はそれ以前に何度もあったので、特別ではあっても稀《まれ》ではなかった。しかし毎回、徳川の武士たちが職務の基本を忠実に実行したから、家康は危機を乗り越えた。改めて基本は大切である。

ただし絵図で確認すると、清須城天守は本丸北西の奥まった位置にあって、最も厳重な防衛区画に属していた。この場所だと犯人が本丸御殿の正面から御殿内を抜けて天守に到達するのは難しく、本丸背後から接近したのだろう。不審者が背後から接近したのに気がつかず、天守上の段まで侵入を許したのは反省点だった。

このとき家康が倒れていれば名古屋築城はなく、豊臣家の滅亡もなかったかもしれない。

江戸幕府はどうなったか。犯人にも理由はあっただろうが、暗殺で社会を変えようとすることは賛成できない。それを揶揄《やゆ》するような川柳《せんりゅう》を詠むことも、私には到底できない。

二条城

単純に見えて究極の防御力

二条城の国宝二の丸御殿は、日本を代表する書院造《しょいんづく》りである。そして現在の二条城より前にも、いくつもの武家の城が京都にはあり、織田信長が将軍足利義昭《あしかがよしあき》のために築いた二条城（武家御城）、豊臣秀吉の妙顕寺《みょうけんじ》城・聚楽第《じゅらくてい》・京都新城などがあった。

徳川家康は一六〇〇（慶長五）年の関ヶ原の戦いに勝利した。翌一六〇一年に家康は天下人として京都における拠点を確保するために、二条城の普請《ふしん》を諸大名に命じた。一六〇二（慶長七）年には天守など建築工事まで進み、翌一六〇三年に完成して家康が入城した。

この家康の二条城は現在の二条城と異なる点が多く、城の北西隅に奈良県の大和郡山城から曳屋《ひきや》した天守がそびえても、石垣と堀を四角くめぐらせただけの単純なかたちだった。

つまり現在の二条城が本丸と二の丸によって階層的なつくりになっていたのに対し、家康の二条城はそもそも本丸しかなかった。だから家康の二条城は京都で徳川の権威を示す

二条城二の丸北西部の石垣。屈曲部に家康時代にさかのぼる古い石垣が残る＝筆者撮影

のが目的で、守りを重視した本格的な城ではなかったと、これまで説明されてきた。しかし家康は弱々しい二条城を、徳川の城として本当に京都に築いたのだろうか？

そこで「洛中洛外図《らくちゅうらくがいず》」など家康の二条城を描いた絵画資料を、城郭考古学の見地から読み直すと、見逃してきた家康二条城のすごさが浮かび上がってくる。なんと家康の二条城は、南北三六〇メートル、東西三〇〇メートルほどの石垣上のすべてに多聞《たもん》櫓《やぐら》を建てまわし、北西隅の天守と連結した画期的な設計を実現していたのである。

城の多聞櫓は戦国期に松永久秀《まつながひさひで》が居城にした奈良市の多聞城で生み出されたが、これほど大きな規模の本丸をすべて多聞櫓で囲んだのは、家康の二条城がはじめてだった。多聞櫓が城壁上を全周したので、防戦時の城兵の安全性を飛躍的に高められた。そして雨の日も屋根や壁があるから、城兵は鉄砲を自在に撃てた。さらに敵が城壁を越えて城内に乗り入るのも著《いちじる》しく難しくなった。

家康は単純に見えて、実は城壁と多聞櫓を組み合わせて究極の防御力を発揮した二条城を築いた。当時の武将は誰もが驚き、本当は怖い家康と痛感したに違いない。のちに主要な曲輪《くるわ》に多聞櫓を全周させる城の設計は、愛知県の名古屋城などが用いてさらに発展した。

終章

城歩きを支えるもの

復元した陣にたたずむ（岐阜県 笹尾山 石田三成陣）

1　進化する城歩き――バーチャルツアーで増える楽しさ

姫路城

バーチャルツアーの導入

兵庫県姫路市の姫路城は城跡としては特別史跡、つまり、遺跡の国宝に指定され、天守や小天守など主要な建築群は国宝に、そのほか多数の建築が重要文化財に指定されている。さらに姫路城は世界文化遺産にも登録されている。まさに人類の至宝である。

そして、姫路城は私にとって特別な城といえる。中学一年生の夏休み、友だちと出かけた旅行の途中に姫路駅から姫路城を遠望した。これほど美しくて力強い建築があるのかと驚き、感嘆した。

眺めていたのはわずか一、二分のことだったと思う。新幹線ホームから姫路城を眺め、目的地に向かったので、そのときは城を訪ねられなかった。旅行にはさまざまな出会いがある。姫路城の遠望もそうした旅の一コマで終わるのがふつうに違いない。しかし、姫路城は私の心をすっかり捉えた。旅行から帰り、見学できなかった姫路城を図書館に通って調べるうち、城の魅力のとりこになって、気がつけば城郭考古学の研究者になっていた。つまり、私の人生は姫路城を見た中学一年生の夏休みの一瞬に決まった。

人にとって、美しいもの、すばらしいものに出会う意義は、なんと大きいのだろう。深い感動は目標に向かって突き進む原動力になる。いまでも少年の日に見た夏の姫路城は、心の中で少しも色あせていない。

兵庫県姫路市は近年、姫路城の積極的な公開を進めていて、二〇一九年二月に小天守などの特別見学を実施している。特別な許可をいただいて姫路城の非公開ゾーンである小天守や渡櫓《わたりやぐら》を見学させていただいた。

見学では小天守に登ったのもうれしかったが、姫路城の連立式天守（大天守と小天守を渡櫓でつないでひとつの独立した防御区画を構成した設計）群に囲まれた中庭に立てたのは幸せだった。四方に天守群と渡櫓がそびえ、はるか上に空が小さく見えた。その空は、あの夏の日の姫路城からつづいていると思った。

そして近年、さらに公開の方法は進化している。二〇二〇年、二〇二一年とつづくライブ配信を紹介しよう。二〇一九年冬以来、猛威をふるう新型コロナウイルスはお城ファンにも暗い影を落としていた。こうしたなかで姫路観光コンベンションビューローは、ウィズコロナの新しいお城探訪として、姫路城バーチャルツアーの実施をはじめた。

インターネットのライブ配信によって、家にいながら臨場感あふれる姫路城の探険をしてもらうという企画だ。第一弾は二〇二〇年一一月二八日、城郭研究家として知られる落語家の春風亭昇太師匠が案内役を務められ、つづく第二弾、同年一二月六日には「お城博士ちゃん」として人気の小学生、栗原響大《ひびき》さんと私が案内役を仰《おお》せつかった。

二〇二〇年一二月の私たちのバーチャルツアーの内容を紹介しよう。私たちが訪れたのは姫路城の非公開エリアで、大手筋の守りの要であった重要文化財「ぬの門」「リの二渡櫓《にわたりやぐら》」の内部を中心に案内した。「ぬの門」は全国的にも珍しい三階建てで、一階は柱も扉もすべて鉄板で覆って防弾性・耐火性を高め、その上に二階建ての櫓を載せた究極の櫓門だった。

内部を探険して驚いたのは、外観では「ぬの門」とひとつづきになっている「リの二渡櫓」との間に出入り口がなく、独立構造にしていたことである。さらに「ぬの門」の内部の二階と三階をつなぐ階段もなく、ひとつの櫓門なのにそれぞれの階を完全に独立させていた。攻防の要になる櫓門なので、たとえどこか一角が落ちても被害を最小限に留《とど》めて戦

上、姫路城の連立天守が囲んだ中庭。石垣や櫓が守った究極の空間＝筆者撮影
下、姫路城の櫓門「ぬの門」（左）と接続した「リの二渡櫓」。外観ではつながっているが、内部は独立していた＝筆者撮影

いつづけられるようにしていた。

そして「リの二渡櫓」は西側と北側への眺望に優れ、「ぬの門」に近づく敵を効果的に撃退できる構えになっていた。白く輝く姫路城が、美しさの中に秘めた強さを、バーチャルツアーで改めて実感していただけたと思う。バーチャルで特徴をつかんで現地を訪ねれば、見どころを把握できて、楽しさも知的な満足度も一層深まるだろう。

その後、二〇二一年一二月二六日、私は兵庫県姫路市の清元秀泰市長、三宅知行姫路観光コンベンションビューロー理事長より、姫路ふるさと大使に任命され、清元市長から任命状を賜った。心からうれしく思う。微力ではあるが姫路城の魅力の発信をつづけていこうと考えている。そこで二〇二一年末にはもう一人の「お城博士」小学生、鈴木絆奈《はんな》さんと一緒に姫路城を見学させていただき、二二年春、その模様を朝日新聞デジタルでバーチャルツアーとして配信した。鈴木さんは小学六年生だった二〇二一年、夏休みの自由研究として、なんと真田丸の立体模型を製作した。そのすばらしい出来に心底、驚いた。この模型は同年一二月に横浜で開催されたお城ＥＸＰＯで展示された。

二〇二一年のバーチャルツアーでは、姫路市の方々も探険ツアーに全面協力してくださった。通常は非公開の大天守東側の重要文化財指定の櫓門「との一門」と、櫓門に接続し

上、姫路城との一門＝筆者撮影
下、姫路城トの櫓。窓の下に石打棚を備える＝筆者撮影

た「トの櫓」の内部を特別に見学させていただいた。「との一門」は姫路城の櫓門でも最も古い門のひとつで、二階の櫓部分の壁は白漆喰《しろしっくい》ではなく、木が露出した素木《しらき》造りになっていた。羽柴秀吉が姫路城主の時代からある建物と考えられている。

また「トの櫓」の窓辺には、城兵が外を監視し鉄砲を撃った台「石打棚《いしうちだな》」を備えていた。「石打棚」は大天守にも見られ、窓に対して城兵の射撃位置を最適化したくふうだった。このように内部に入って観察すると、わくわくする発見がいくつもあった。また姫路城が今日まで美しい姿を保って伝えられてきた秘密も見えてくるのであった。

こんなふうにバーチャルツアーが各地の城で実現したらなんとすてきだろう。四〇〇年前に鉄壁の防御を実現した姫路城にはもちろん、コロナに打ち勝つ新しいお城探訪の方法を編み出した姫路の人びとの知恵に心から感心した。

二条城

シーズンオフ、夜の城歩きも可能に

冬は待望の城跡探険シーズンだ。木々の葉が落ち、草が枯れると、中世山城の堀や土塁(防御のための土手)がよく見える。さらにヘビやダニなどに遭遇する確率も低くなって快適である。だから城跡探険に適しているのは断然、秋冬である。しかし、いくら秋冬がよいといっても意義ある城歩きができるのは日中に限る。当たり前だが暗くなっては何も観察できない。ところが、幽霊や怪奇現象を検証するため夜間に城を訪ねる人もいると聞く。確かに落城にまつわる恐ろしい説話を伝える城は多いから、何かあることもあるのかもしれない。私にとっては未体験の領域だが、城の活用を夜間に広げるという意味で、ひそかに夜の城歩きは気にしていた。

驚くべきことに、近年、夜の城歩きを各地で堂々と行うようになっていた。ただし心霊体験ではなく、美しく輝くライトアップやプロジェクションマッピングのイベントとしてである。近年、大坂城の「イルミナージュ」(二〇一六年から)、姫路城の「ナイトファンタジア」(二〇一九年から)など夜間でも城を見学できる催しが開かれている。二〇一九年冬には二条城の「フラワーズ バイ ネイキッド」が開催された。私は夜の二条城を歩いた。

世界遺産二条城の二の丸御殿(国宝)や唐門《からもん》(重要文化財)は漆黒の闇の中にあり、その外壁に投影した鳥が舞い、花が咲き乱れた。日中に限って何度も見てきた二条城だが、夜の城は想像を超えた幻想世界に一変していた。とりわけ本丸石垣を用いたプロジェクションマッピングは、石垣下の水堀にも鳥や花が鏡のように反射して、その美しさに感嘆す

上、プロジェクションマッピングで鳥や花が浮かび上がった二条城の重要文化財・唐門＝筆者撮影
下、二条城の重要文化財東南隅櫓。通常は非公開だが配信で内部を特別公開した＝筆者撮影

るばかりだった。
もちろん投影しているところ以外は暗く、二条城の城としての本質的価値はまったくわからない。どうせするならただ美しいものではなく、二条城の本質的価値を活《い》かしたライトアップやプロジェクションマッピングだったらなおよかったと感じた。また、城内に無数の仮設ケーブルが延びているのも、首里城の火災（二〇一九年一〇月三一日）があっただけに気になった。それにしても昼に加えて夜も城を歩くようになるとは、城ファンはますます忙しい。

二〇二一年二月二八日には、文化庁が進める「博物館異分野連携モデル構築事業」として、京都市元離宮二条城や製作委員会などによる「チコちゃんといっしょに課外授業　ミュージカル忍たま乱太郎　シリーズ・タイムワープ第二弾　二条城～千田嘉博先生×忍たま！　オンラインお城めぐりツアーの段～」を実施し、私も参加した。

新型コロナ感染防止対策徹底のため会場は無観客、すべてをライブ配信した。忍たまファン、城ファンに、二条城においでいただいてその場で一緒に課外授業を体感していただけなかったのは残念だった。ただ、通常は非公開の東大手門や東南隅櫓などの内部をじっくりご覧いただけたと思う。二条城という文化資源を活かすくふうがコロナ感染症という危機のある日常をプレミアムな機会に替えることができたのは、関係者のすばらしい知恵だった。

バーチャルツアー、みなさんのまちの城でもいかがだろうか。

2　誰でも楽しい「城歩き」を——多様性を尊重した城跡整備

大和郡山城・金沢城・熊本城

バリアフリー化は誰のために

身体の状況によって「お城大好き」を諦めなくてはいけないとしたら、それは城跡の物理的障壁である。可能な限りそれを解消して、多様性に寄り添う城跡整備を実現していくべきだと私は思う。城跡のバリアフリー化を実現することは、小さな子供を連れた家族や移動に制限のある高齢者を含め、すべての人に城を開くことである。以下、三つの城跡の現状、復元の手法を紹介し、誰もが城歩きを楽しむにはどうしたらよいかを考えてみよう。

奈良県大和郡山市の大和郡山城は、戦国末期に筒井順慶《つついじゅんけい》の居城となり、一五八五（天正一三）年には豊臣秀吉の弟秀長《ひでなが》が、一〇〇万石の領主として郡山城主になると、豊臣の威信をかけて城を一新した。しかし一五九一（天正一九）年に秀長が、一五九五（文禄四）年に跡を継いだ羽柴秀保《はしばひでやす》が亡くなって、郡山城の一〇〇万石時代は唐突に終わった。

もし秀長の家がつづき、大坂城の秀頼を支えていたら、その後の歴史は大きく変わったに違いない。そして江戸時代になると郡山城には徳川親藩の大名が入り、一七二四（享保九）年からは柳沢《やなぎさわ》家の城になって幕末を迎えた。

さて二〇二一年三月、堀を渡って本丸に入る木橋・極楽橋《ごくらくばし》が、公益財団法人郡山城史跡・柳沢文庫保存会によって復元された。歴史的な本丸への大手道がよみがえった。朝日新聞奈良版も二〇二〇年一二月と二〇二一年三月に橋の復元を報じた。私もよろこんで極楽橋を見学に行った。しかしその橋をひと目見て、本当に悲しくなった。

復元した極楽橋の一方の端に史実にはない五段の石段を付加した。そのため、車椅子では大手道を通れなくなった。この復元では郡山城本丸の橋を渡って歴史を体感できるのは、歩ける人に限定される。歩ける人だけが歴史を体感すればよいとする復元は、はたして適切か。次に述べるように、ほぼ同時期に復元した石川県金沢城の木橋、鼠多門《ねずみたもん》橋はスロー

健常者しか通れない大和郡山城・極楽橋の復元＝筆者撮影

プを設置しリフトを組み合わせて、すべての人に城を開いている。

同じ時期に復元を進めた二つの城の橋に、なぜ圧倒的な差が起きたのか。郡山城の極楽橋を復元した組織は、さまざまな個性をもった人びとが世界をつくっていることを深く考えなかったと思う。車椅子の方、小さな赤ちゃんを連れた家族、高齢者をはじめとしたさまざまな人が等しく歴史を体感できる整備を大切に考えれば、現状の復元にはならない。結果として、郡山城の極楽橋が歩ける人だけのための復元になっているのは、急ぎ改めるべきだと進言したい。

そして朝日新聞も反省してほしい。一二月の記事で橋の階段を「石材を積み上げた階段を設け、重厚さを引き立たせた」と記した。歩ける人しか通れない橋が復元されつつあるとき、多様性に寄り添って課題を指摘し、世界をよくする新聞であってほしいと思う。文化財のバリアフリー化の道は、極楽橋の階段のように険しい。

では、何をどのようにくふうすればよいのか。急峻《きゅうしゅん》な地形に築いた山城や国宝建造物など、いまは地中のみに残る遺構や、幸いにも現存する建物のように、しっかりと保存しつつ、現在の技術でバリアフリー化を達成するのが難しい城は確かに存在する。しかし城跡の本質的な価値を守って史実にもとづいた整備・復元を行い、同時にバリアフリー化も達成した城跡の整備は国内外にある。日本の例として金沢城をあげよう。

石川県金沢市の金沢城は、前田氏一〇〇万石の居城として名高く、日本屈指の大城郭であった。そして石川県は金沢城調査研究所を設置して緻密《ちみつ》な調査と研究を重ね、金沢城の整備と復元を進めている。二〇二〇年には金沢城玉泉院丸《ぎょくせんいんまる》にあった城門・鼠多門と鼠多門橋を、史実にもとづいて立体復元した。

もともとの鼠多門は石垣の上に立つ櫓門で、現在は道路となった櫓門前の堀に木橋をかけていた。門をくぐって城内に入ると石垣で囲んだ石段がつづいた。つまり鼠多門一帯は金沢城を守ったバリアそのもので、そのまま復元したのでは歩ける人しか歴史を体感でき

上、金沢城鼠多門と鼠多門橋の復元＝筆者撮影
下、スロープを設置して車椅子でもいつでも見学できる＝筆者撮影

ないものになる。

そこで、石川県は歴史的な鼠多門橋を史実に忠実に復元するとともに、車椅子がいつでも通れるスロープを設置して、誰でも自由に、事前の申し出の必要なく歴史的な橋を渡れるようにした。さらに橋を渡りきった先の石段には車椅子用のリフトを設けて、厳重に守った鼠多門のようすを、誰もが等しく体感することを実現した。リフトは二〇二一年三月に延長されて、歴史体験の快適度はさらに向上した。

復元した鼠多門は二階建ての櫓門であるが、内部の見学用階段に車椅子用のリフトを設置していて、誰も櫓門二階の見学を諦める必要はない。櫓門二階の体験はみんなのものである。このように金沢城は多様性に寄り添って、史跡の厳格な整備とバリアフリー化を両立した。あるべき城の橋の復元だと思う。

そして最後に地震により甚大な被害を受けた熊本城の復興の中で不可欠なものと位置づけているバリアフリー化の取り組みを見よう。熊本城は二〇一六年四月一四日、一六日の熊本地震で大きな被害を受けた。櫓一一棟、櫓門一棟、塀一棟の計一三棟が重要文化財に指定されていたが、不開門《あかずのもん》や北十八間櫓《きたじゅうはちけんやぐら》、東十八間櫓《ひがしじゅうはちけんやぐら》などが倒壊したのをはじめ、宇土《うと》櫓《やぐら》の石垣など城内五〇〇面を超える石垣が被害を受けた。わが国の近世城郭を代表する熊本城をよみがえらせるために、熊本市は文化財修復検討委員会を設置して修復を進め、文化庁も特別体制で支援している。ついに二〇二一年四月二六日には熊本城の大天守・小天守内部が再公開された。修復検討委員の一人として、心からうれしく思った。

熊本城の大・小天守の修復にあたっては、地震で落ちて割れた石の破片を探し出してもとどおりに接着したり、断裂した石材内部にステンレス棒を挿入して接合したりするなど、熊本城の歴史的価値を守る文化財修復を重ねてきた。また必要に応じて現代の耐震・制震

熊本城の大・小天守へ導く新しいスロープ。車椅子でも快適に天守を見学できるようになった＝筆者撮影

技術を導入した。まさに最先端の城跡整備といってよいが、そこで実現したのは史実に忠実で、安心・安全な整備だけではない。多様性に寄り添って城を訪ねる歴史体験をすべての人に広げることでも、熊本城の整備は画期となるものである。たとえば二〇二〇年に完成した特別見学通路は、要所にエレベーターを備えて車椅子で快適に熊本城を見学できるようにした。バリアの塊である城としての「厳格な守り」の意味を的確に保護しつつ、熊本城を訪ねる歴史体験を誰もが共有できるようになった。

さらに大・小天守への入り口である小天守の入り口前には、コンクリートと金属とガラスを組み合わせたスロープを、地下遺構を完全に保存した上で新設した。これによって車椅子でも一切の支障なく天守へ進んでいただける。スロープを現代的な素材でつくったのは、新たに設けたことを明示するためである。

そして天守の内部には三本のエレベーターを整え直して、車椅子で大天守の最上階まで登っていただけるようになった。地震前にエレベーターは最上階までは通っていなかったので、ここからの眺めは階段で上がれる人しか体験できなかった。そうした物理的障壁を、熊本市は取り除いた。熊本城をすべての人へ。以前とは違う景色が見えると確信している。

バリアフリー化はヨーロッパの城に学べ

ブダ城（ハンガリー）・エーレンブライトシュタイン要塞（ドイツ）

城のバリアフリー化は日本の城固有の課題ではなく世界の城に共通する。それゆえ、日本の城のバリアフリー化が進むべき道を、世界の城との比較から見いだせる。ヨーロッパの城のバリアフリー化から考えたい。

ドナウ川に沿った丘の上にあるハンガリーのブダ城は「ブダペストのドナウ河岸とブダ城地区およびアンドラーシ通り」として世界文化遺産に登録された人類の至宝である。立ち並ぶ宮殿は博物館や美術館になっていて、ハンガリーの歴史と文化を体感できる。

そして、ここを訪ねた誰しもが、ブダ城の城壁上のテラスからドナウ川とその向こうに広がるブダペスト旧市街を一望したいと願うだろう。川を上り下りする船が行き交い、いくつもの教会の塔がそびえる光景はハプスブルク家の栄光を偲《しの》ばせる。この国の歴史を物語るみごとな文化的景観である。

しかし、このブダ城のテラスは切り立った防御のための城壁上にあり、また宮殿とセットになっていたので、本来は簡単に出入りできなかった。階段を登ってテラスに至るかつての経路をしっかり保存しているが、そこを通ってテラスからの景色を眺めるのは直立二足歩行できる人に限られた。

そこでブダ城では歴史的な建造物を厳格に守りつつ、テラスに出入りするエレベーター塔を新たに設け、身体の状態に関わりなく歴史的なドナウの眺めを誰もが体感できるようにしている。すばらしい知恵ではないか。同様の方法で歴史的な城をすべての人に開いているのを、ハンガリー北部にある一四世紀のヴィシェグラード王宮でも体験した。王宮の歴史的な建物を保護しつつ設置したエレベーター塔は、景観に適合して違和感がない。

さらにヴィシェグラード王宮ではもうひとつ感心したことがあった。復元した王宮の庭にスピーカーを配置して、中世の昔に庭で催した華麗な宴会を音響で展示していた。これなら耳からの情報で当時のようすを理解できる。そして音響による展示は、日本からの旅人にもきわめて有益だった。

次にドイツ、ライン川沿いの城の例を見よう。中部ヨーロッパのライン川観光の名所「ドイツの角《かど》」(ドイチェス・エック)は、ライン川とモーゼル川が合流する地点、ドイツ・ラインラント=プファルツ州のコブレンツにある。三角形になった両河川の合流点には、初代ドイツ帝国皇帝ヴィルヘルム一世の巨大騎馬像が立っていて、川の景色を見下ろしている。

ヴィルヘルム一世騎馬像からライン川を挟んだ対岸に丘があり、この丘にライン川もモーゼル川も、コブレンツの町もすべて押さえたエーレンブライトシュタイン要塞《ようさい》があった。この要塞を訪ねる方法はいくつもあるが、ライン川を越えるケーブルカーをおすすめしたい。ケーブルカーからは、複雑な防御施設が山麓から展開したのを観察できる。エーレンブライトシュタイン要塞はヨーロッパでも屈指の要塞であった。稜堡《りょうほ》を備えた現在の姿は一六世紀から一九世紀にかけた工事で完成し、最終的にはコブレンツの町を囲む巨大要塞網の要として機能した。いまでも丘の上からはライン川の対岸に連携した要塞群の名残を見つけられる。

上、ハンガリーのブダ城のテラスに設置したエレベーター。ブダペストの歴史的景観は誰もが体感できる＝筆者撮影
下、車椅子でも支障のない見学路を整備したエーレンブライトシュタイン要塞＝筆者撮影

フランスからドイツを守った要塞は最強のバリアとして誕生した。砲撃を避けた地中トンネルや、重層的に備えた稜堡の城壁は、敵を一人も通さないくふうを凝らしてできあがった。その要塞を見学するにはいくつもの障壁を越えなくてはならないと誰もがイメージする。

ところが、エーレンブライトシュタイン要塞は、要塞としての本質的な価値を守りつつ、最強の要塞をバリアなしに誰もが見学できるように徹底的に整備している。要塞内の段差にはスロープを設け、フランス軍が城壁を破壊した部分を使って要塞の上下階を結ぶエレベーターを設置した。だから車椅子でも健常者と変わりなくどこでも見学できる。

さらに移動の自由だけでなく、音声と音響による効果的なガイドシステムや、手で触って複雑な要塞を理解することができる立体模型、点字説明も完備しており、すべての人が歴史を体感できる。ヨーロッパ屈指のバリアであった要塞を、いまやバリアフリーに見学できることに、心から感動した。

こうしてヨーロッパの城を知ると、城のバリアフリー化はいつか将来の遠い目標ではなく、いますべきことだとわかる。健常者目線の城の整備を過去のものにして、お城の楽しみをみんなに広げよう。

健常者だけが城を体感できればよいと公言している城の関係者は、多様性を尊重した整備をしている世界の城を、一度訪ねてみてはどうか。

3　城郭考古学で新たにわかること

浜松城

地下から真実が浮かび上がる

城郭考古学は縁の下の力持ちである。城歩きを楽しんでいただくために大いに貢献している。

城郭考古学の役割を静岡県浜松城の例から見てみよう。浜松城は、明治に廃城になると、天守曲輪《くるわ》など城の中心部は昭和初期まで民間によって共同管理され、天守台には「鉄城閣」と呼ぶ鉄塔の展望台が置かれた。御殿が立ち並んでいた二の丸は一九四八（昭和二三）年から元城《もとしろ》小学校になった。一九五〇年に城の中心部の公有地化が図られ、城の北側に浜

浜松市の発掘で見つかった浜松城本丸北東隅部の石垣＝筆者撮影

松市動物園が開園、五二年に本丸南東部から二の丸南側一帯は市役所となった。そして本丸南側には警察署や税務署が立ち並ぶようになった。

一九五八年に市民の寄付を得て復興天守を建設したが、この頃までに浜松城は、再建された天守曲輪（本丸より上位の曲輪）以外、ほとんど姿を消していた。近代になって全国的に城跡は公共用地として開発されたが、浜松城のように本丸まで消滅したのは珍しい。

こうして、いったんはほとんどを失った浜松城だったが、いまふたたびよみがえろうとしている。浜松市では天守曲輪の発掘を計画的に進め、地下に戦国期から江戸時代にかけた本物の石垣や堀が残り、絵図でも確認できなかった櫓が近世初頭に立っていたことなど、画期的成果を上げてきた。さらに二〇一七年に元城小学校が移転したのを受けて、二〇二〇年には、大規模な発掘を二の丸で実施した。

この調査では埋没していた本丸の堀や石垣を発見するとともに、二の丸御殿の礎石《そせき》を検出して、二代将軍徳川秀忠《とくがわひでただ》が生まれたという「御誕生場」の位置も特定した（異説あり）。つまり小学校跡地の地下に、浜松城の重要遺構が良好に残っていることを城郭考古学で証明したのである。地表からは見えず、なくなったと誰もが思っていた浜松城が、次々と発掘によって現れてきた。遺構を保存し、調査成果にもとづいて浜松城の本丸・二の丸の堀や石垣、御殿がよみがえれば、浜松城が国史跡になるのも間違いない。

さて未来の浜松城をどうしていくかは、まさに浜松市民の選択にかかっている。浜松城を整備、復元していくことは、まちの歴史の原点を取り戻すことだと思う。議論が進み、未来に誇れる選択がされるのを期待したい。

バッハリッター城（ドイツ）

実験・中世の城を建てる

城郭考古学の役割は世界で共通する。バッハリッター城は、ドイツのバーデン＝ビュルテンベルク州の小さな村、カンツァッハにある。日本でこの城を詳しく紹介するのは、はじめてかもしれない。

バッハリッター城には木造の住居塔や馬屋・台所・納屋などがあるが、これらはすべて学術的な研究によって当時あったであろう地侍《じざむらい》の城を、二〇〇四年までに立体復元したものである。なんとこの城は、その場所にあった城跡を発掘して復元したのではなく、城跡の隣接地に一四世紀の中世の城を新築しているのである。実験城郭考古学といってよいだろう。

一般にヨーロッパの中世の城といえば石造りで高い塔がそびえた姿をイメージする。しかし石造りの城の前には木と土で築いた城があった。木と土でできた中世の城は、城跡や絵画資料・文字史料から考えられるが、当時の姿を完全に留めたものはひとつもない。だからバッハリッター城の試みは貴重である。

城は全体に水堀をめぐらし、土手とその上の塀で守った。ひときわ目立つ住居塔は木造四階建てで、高さはおよそ一六メートル。当時の小さな城は塔が城主の住居を兼ねるのが一般的だった。塔のまわりにはさらに堀と土手・塀をめぐらして、単独でも防衛できた。日本風にいえば、この塔が本丸に相当した。塔の出入り口は階段を上った二階に設けて守

中世の城を新築したドイツのバッハリッター城。中世の城の暮らしが体験できる＝筆者撮影

りを厳重にした。

　塔の内部は二階に台所と暖炉を備えた居間を、三階に子供の寝室と城主夫妻の寝室を配置した。四階は外側に大きく張り出して眺望を確保し、弓矢で防戦する窓を四辺に配した広い空間にしていた。周辺の城の発掘成果にもとづいて、塔の屋根はオーク材の板屋根で復元している。

　見学して楽しいのは建物だけでなく、机やベッド、陶器などの調度もすべて当時のものを精密に復元していることである。さらに、城の外郭に復元した馬屋や台所などでは、中世の食と暮らしを体験するさまざまなプログラムを用意している。日本では、櫓や門を復元して終わり、という城の整備が目につく。

しかし、城だって「モノ」から「コト」消費への転換が必要ではないか。日本にも城の暮らしをまるごと体験する施設がほしいと思う。リアル・サムライ体験は、世界の人もきっと楽しい。夢は広がる。

見つからないことが語ること

日本列島には合戦で落城した城がいくつもある。何百人も、ときには何千人も戦死したと文字史料が記した城を訪ねるのを怖いと思う方もいるだろう。城によっては幽霊が出る、訪ねたら呪われるという怪異現象を伝えていて、うっかり探険中に思い出したりする。事前に関連史料を熟読するのも、善しあしである。

激戦の末に落城した城には無念の戦死を遂げた武士たちが埋まっているとイメージされる。ところが、城郭考古学の研究が進んで実態とイメージは大きく異なっているとわかってきた。すでに発掘した全国の城は膨大な数におよんでいるが、戦死した武士たちを発掘で発見することはほとんどない。

それどころか、文字史料で激戦の末に落城して城兵は全滅とわかる城でも、戦いの生々しい状況を、発掘調査では明確に捉えられないのも事実である。落城した城には戦死した武士たちの遺体も、散乱した武器や武具もほとんど残っていない。もちろん、それらは土中でさびたり分解したりして、失われたものもあっただろう。しかしそれでは説明がつかないほど、激戦の末に落城した城はその証拠を留めていないのである。

戦いの考古学的証拠はなぜ失われたのか？　その理由は合戦の勝者が敗者の戦死者を供養し、持ち主を失った武器や武具をリサイクルするために回収して、落城した城から持ち出したからである。「私はお墓にいません」という歌があったが、戦死した武士たちも、落城した城から速やかにいなくなっていた。

考古学では人が住んだり、戦ったりした場所を発掘する。だからリアリティーに満ちた状況をつかんでいると考えがちだ。しかし落城した城の戦死者や武器・武具のように、持ち出されて激戦の痕跡が消えてしまう遺跡の残り方もあることに、もっと留意すべきだと思う。

たとえば、弥生時代には拠点的な集落が大規模な堀をめぐらしたが、発掘で戦いの痕跡が見つからないのを理由に、弥生時代の人びとは戦わなかったと考える研究者がいる。弥生時代は戦場を一切かたづけなかったと証明できた場合にこの説は成り立つ。それはあり

上、大坂本願寺時代から激戦の舞台になった大坂城の千貫櫓（やぐら）＝筆者撮影
下、千貫櫓から見た大坂城大手門の土橋＝筆者撮影

えただろうか。城郭考古学が明らかにした落城した城の真実は、考古学による戦いの評価を見直す手がかりである。

上狭川城

改修の痕跡に殿様の意向が見える

日本列島には城が少なくとも三万カ所はあった。中世には大名だけでなく、村のお殿様や村人たちが共同でそれぞれ城を築いたからである。そうした中世を考える手がかりになるのが、古文書など文字で記した史料である。とりわけ関西には有力な寺社や公家などが集中したから文字史料が豊富に残る。どんな文字史料が残っているだろうか。

たとえば日記があった。中世の日記は他人に読ませるものでもあり、年中行事の儀式の手順などを記して、のちの人に先例を伝える役割があった。いま読めば、当時の権力者がどんな会を催し、誰が参加し、何を行ったか、経費負担はどうしたかといったことが的確につかめるように書かれた。そうした文字史料は幾世代にもわたって大切なものと認識され、しっかりと保存されてきた。今日では主要なものは翻刻されて史料集として刊行され、インターネットで公開されることもある。誰でも中世の日記を閲覧して研究できる時代になった。

　たとえ文字史料が失われたとしても、城郭考古学が発達したことで中世や近世の真実を解明できる。奈良市の上狭《かみさ》川《がわ》城を例にあげて考えてみよう。この城は、中世にこの地域を治めた狭川氏の一族であった福岡氏の城で、標高二〇〇メートルほどの山の上に遺構がよく残る。福岡氏は室町時代から活躍し、奈良で一番の大祭である春日若《かすがわか》宮《みや》おん祭にも大和武士の一人として加わった。しかし、村のお殿様であった福岡氏の詳細な実態を示す同時代史料はなく、残る文字史料からだけでは実像に迫れな

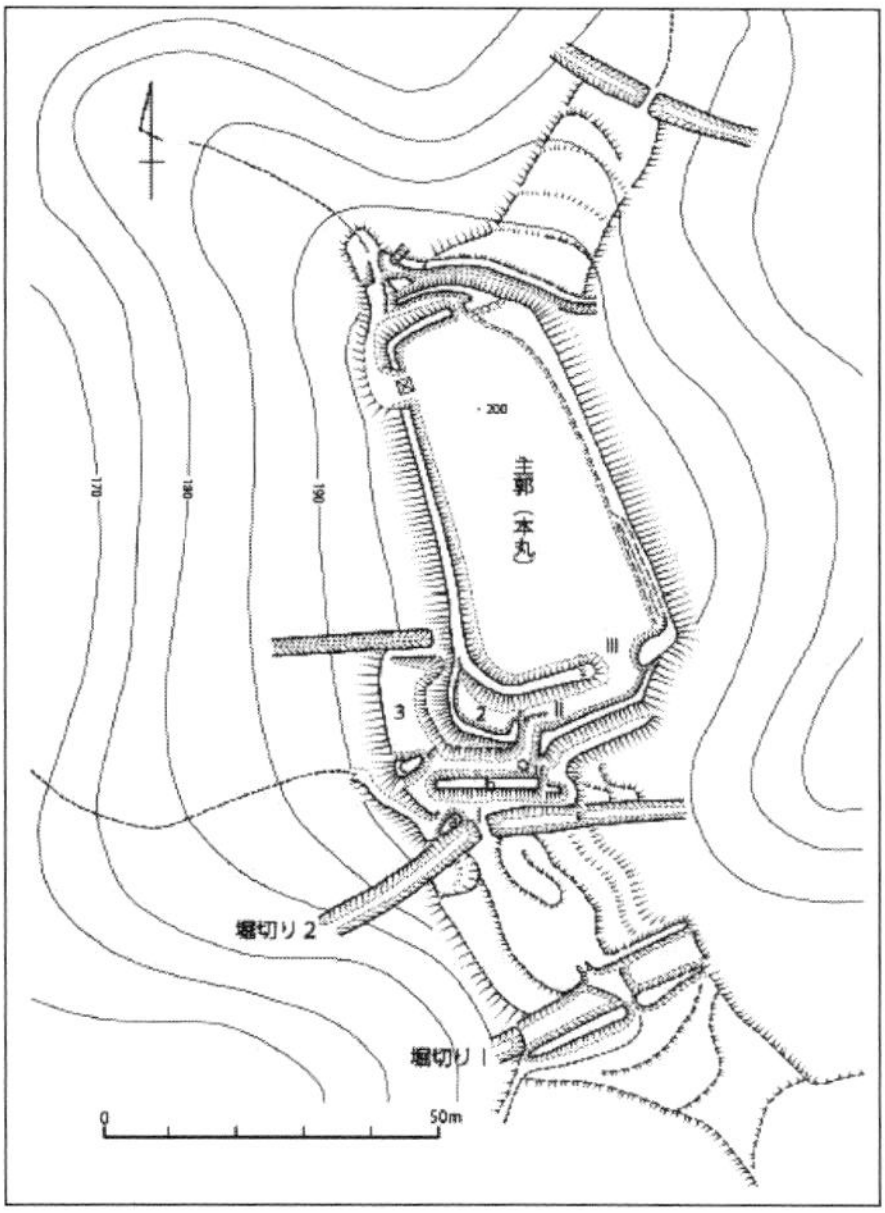

奈良市 上狭川城＝筆者作図

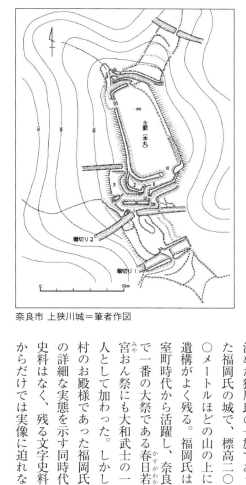

い。

ところが居城であった上狭川城を探険すると、館城《やかたじろ》を基本に、信長の頃まで城の改修をつづけて最新の守りのくふうを取り入れたと判明する。出入り口には土づくりだが、安土城とも共通した外枡形を備えていたほどである。さらに近くにあった城とも連携し、地域に根を張った領主として一族が結束していたのもわかる。城郭考古学は、文字史料がなくても真実を見つける、もうひとつの研究方法なのである。

城の時代を考えるのに城郭考古学からの視点はたいへん有効である。そして文字史料だけによらずに真実を究明するアプローチは、きっとすべての時代にある。悪事をもみ消そうと、都合の悪い文字史料を廃棄しても、権力者は枕を高くして眠れない。

4 なぜ城を残すのか

尼崎城

災害のたびに人びとが復興

二〇一八年に尼崎城天守が完成した。天守としては目下、日本最新の築城である。そしてこの再建のもとになったのは個人の寄付によると聞く。すばらしいことだと思う。尼崎には一四世紀以来城があり、江戸時代には大坂防衛のための徳川の拠点であった。尼崎城は海に面した砂州上の城で、瀬戸内海と中国街道の両方を押さえた戦略的立地だった。しかし、水に接した軟弱な地盤は、江戸時代を通じて尼崎城が繰り返し復旧工事を余儀なくされる要因になった。尼崎市教育委員会編『尼崎城研究資料集成』にもとづいて、その歴史をたどりたい。

一六六二（寛文二）年に起きたマグニチュード七・五の近江・若狭地震では、天守が傾き、櫓や石垣が破損したり崩壊したりした。一六七〇（寛文一〇）年には台風が直撃し、石垣が崩れ、城下の町屋が浸水した。しかし尼崎の人びとは復興に努め、災害を契機に町並みを改めるなどして、よりよい城下町にしていった。

その半世紀後、大地震が再び城を襲う。一七〇七（宝永四）年に起きたマグニチュード八・六の宝永地震では、尼崎城の天守が破損し、本丸の櫓、多聞櫓六棟と本丸御殿の広間と台所が倒壊。二の丸・三の丸では櫓五棟が倒壊、八棟が損壊した。城下では町屋一九一

完成した尼崎城天守＝筆者撮影

軒が倒壊した。被害は甚大だったが、尼崎の人びとはおよそ一〇年で城と町を復興した。
しかし忘れた頃に災害はやってくる。一八五四（安政元）年に起きたマグニチュード八・四の安政東南海地震では、櫓一一棟が倒壊あるいは損壊、多聞櫓や門一七棟が倒壊あるいは損壊した。このときも速やかな復興を進めた。このように尼崎の城と町は、歴史の中で厳しい災害に遭ったが、人びとはその度に立ち上がって城と城下をみごとに復興してきた。
安政東南海地震前の一八四六（弘化三）年には、本丸で火災が発生し、本丸御殿が全焼した。財政危機に陥っていた尼崎藩には、御殿再建のめどはとても立てられなかった。ところが、火災当日のうちに領内の村々からお見舞いと寄付金が城に届けられ、ついにそうした寄付金で本丸御殿を再建できたという。尼崎城も松平のお殿様も、尼崎の人びとにとても愛されていたのである。

城というと抑圧の象徴という人がいる。しかし、決してそんな城だけではなかったのを尼崎城は物語る。寄付で日本最新の天守ができたというのも、実は尼崎らしいことなのだった。

高取城・祝戸城

連続する地域の歴史を知るために

年々、異常気象の影響による大雨・台風が各地に甚大な被害をもたらしている。被害に遭われた方々にお見舞い申し上げたい。

豊かな自然に恵まれた日本列島は、独自の歴史と文化を生み出した。その一方で日本列島に暮らす人びとは、台風などの自然災害に不断に備え、乗り越えてきた。近年は「五〇年に一度の大雨」の特別警報が何度も発せられるように、災害への備えが一層求められている。

台風や集中豪雨は城にも深い傷をおよぼしてきた。二〇一八年に香川県の丸亀《まるがめ》城の石垣が降雨で大崩落した。気象災害が激甚化した今日は、これまで以上に城の石垣の点検や補修が重要になっている。城を守り、安心して見学できる環境を整えて活かすには、日頃の備えが不可欠である。

そうしたなかで私が特に心配しているのが奈良県の高取城《たかとり》である。日本を代表する江戸時代の山城で、山上に連なる石垣は圧巻である。

ところが、その石垣が崩壊しつつある。高取城は国の史跡に指定されながら、長年にわたって基本的な樹木の管理も行われず、石垣の周囲だけでなく、石垣の中から木が生える異常事態になっている。石垣の変形や崩落は至る所で発生している。国の史跡で高取城ほど管理状況が悪い城を、私はほかに見たことがない。

思い余って高取町に連絡を取った。すると史跡として高取城を保護する責任をもつ管理団体は奈良県だという。なるほど奈良県は全国の都道府県で県内の城館跡の基礎調査が完了していない、ほとんど唯一の自治体で（二〇二一年にようやく調査成果をまとめたが、全国の都道府県ではほぼ最下位）、文化財としての城の保護も遅れている。高取城の惨状も、そんな奈良県だから起きたといえる。

高取城はハイキングコースとしても親しまれていて、多くの方が散策している。人が歩

根石まで露出した高取城の石垣。すぐ脇をハイキングコースが通る。このままでよいはずがない＝筆者撮影

けばいつしか山道を削り、そこが水路となって、雨が降るたびに流水はさらに土を削る。結果として、本来、地中にあるべき石垣の基礎である根石まで露出している箇所がある。こうなると降雨や地震で石垣が崩れ、人命に関わる危険性が高まる。高取城の石垣保全と安全対策は待ったなしではないか。古墳や宮都だけが奈良の大切な歴史なのか、みなさんはどう思われるだろう?

また城の遺構の意義を知らなければ、簡単に失われてしまう例がある。歴史公園とは、考古学の成果をより身近に知ってもらうために遺跡を整備して一般に公開する施設である。たとえば、奈良県は歴史の舞台に恵まれており、とりわけ飛鳥は日本の初期国家成立の地として特別な場所といってよい。国は奈良県や明日香村と連携して保護を進め、一九六七年には明日香村歴史的風土保存区域を指定し、八〇年には明日香村の全域を歴史的風土特別保存地区に相当する地区として保存するため、古都保存法の特例として「明日香法」を公布した。

こうした法整備とともに、国は飛鳥地方の住民生活の向上と、歴史的風土および文化的資産を保存・活用する一環として、国営飛鳥歴史公園の整備を進めた。国営飛鳥歴史公園祝戸《いわいど》地区は、一九七四年に開園し、現在は国土交通省近畿地方整備局が公園を運営して、

国営飛鳥歴史公園の園路が破壊した祝戸城の遺構＝筆者撮影

広く国内外からの訪問者に親しまれている。
　祝戸地区の公園は、古代史ファンなら誰もが知る石舞台《いしぶたい》古墳の南側丘陵に広がる。公園内に宿泊研修施設「祝戸荘」があり（二〇二二年現在、休館中）、私も以前講演をさせていただいた。公園内の山上には展望台があって、明日香の歴史的景観を一望できる。国営飛鳥歴史公園祝戸地区は、歴史を五感で感じる公園である。
　改めて記すが、この公園は「飛鳥の豊かな自然と文化的遺産の保護・活用を図る」ためにできた。だから誰もが歴史と文化を大切にしている公園だと思う。しかし国土交通省が大切にしているのは古代の歴史だけらしい。
　実は公園内に戦国期の山城、祝戸城があるのだが、国営飛鳥歴史公園の不適切な園路が遺構を破壊し、城の重要部分を失ってしまった。また園路が戦国期の城を貫通しているということは、見学のしやすさに直結するはずだが、城跡を解説する案内板ひとつないので、誰もそこが城跡とは気がつけない。

祝戸城には戦国期の山城が広く設けた畝状空堀群《うねじょうからぼりぐん》と呼ぶ竪堀《たてぼり》と竪土塁を並べ築いた防御施設があった。村のお殿様が築いたと目される祝戸城のような小規模山城が畝状空堀群をもったのは珍しい。美しい棚田が広がる祝戸にも、戦いに備えた時代があったのだ。

いまからでも遅くない。破壊した遺構を復元し、祝戸城を飛鳥の歴史を体感する文化財として整備しようではないか。歴史を大切にした国営歴史公園が今度こそ実現できる。

おわりに

思い返せば私が城を歩きはじめた四〇年前は、城はオーバー五〇歳の渋い男性の趣味だった。だから「この裏山にすごい空堀《からぼり》の城があるので、一緒に藪《やぶ》に入りませんか」と声をかけても、一緒に探険してくれるのはだいたいおじさんだった。お城好きには性差も年齢も関係なくなった今と当時とを比較すると、隔世の感がある。

私は城が人気になるのを予測して研究テーマに選んだのではなかった。城を訪ねて歴史や武将を考える楽しさに毎日ワクワクしているうちに、日本各地の城の調査や整備の委員にしていただけるようになった。いつの間にか城が人気テーマになって、さまざまな執筆の機会を与えていただき、お話をする機会を与えていただけるようにもなった。

城を歩きはじめた中学生の頃、部屋の壁に日本の代表的な城を記した地図を貼って、いつか遠くの城を訪ねられたらと願っていた。そして当時は職業としては存在していなかった城を考古学から研究する人になるのを夢見ていた。いま、少年の日の夢を叶えられたのは本当に幸せだと思う。私を導いてくださったすべての方に、心から感謝したい。

本書は「朝日新聞」地域面に連載中の「千田先生のお城探訪」をもとに、一書として有機的な構成になるように適正配置し、最新の知見を加筆してまとめたものである。ただし1章5節の名古屋城の金鯱《きんしゃち》に関する部分は、千田嘉博「金鯱の歴史的意義」(『名古屋城金シャチ特別展覧 公式ガイドブック』名古屋城金シャチ特別展覧実行委員会、二〇二一年)をもとにした。

「朝日新聞」の連載にあたっては、角谷陽子さん、塚本和人さん、森嶋俊晴さんの懇切なご助力を賜った。連載をつづけられているのは、ご担当くださったみなさんがいつも親身になって、そして記者の厳しい目で原稿をチェックしてくださっているからである。記して御礼申し上げたい。

そして本書の刊行は、奈良ゆみ子さんのご尽力による。改めてすべての原稿を点検してくださり、鮮やかに編集を進めてくださった。奈良さんの優しくて強いお仕事があって、はじめて本書はかたちになった。重ねて御礼申し上げたい。

日本各地の講演会で、多くの小学生・中学生のお城ファンに出会うようになって久しい。

そして将来は城郭考古学者になりたいといっていただけるようになった。城郭考古学の分野をつくった者として、これほどうれしいことはない。本書が城ファンの期待に応えられるのを祈っている。

二〇二二年九月三〇日

若草山を遠望する書斎にて

千田嘉博

参考文献

それぞれの城に関する個々の史料／資料は、その都度示したので、さらに城の理解を深めるための書籍を紹介する。

【城の歴史】
千田嘉博監修　二〇一七『日本の城事典』ナツメ社
千田嘉博編　二〇一八『石垣の名城　完全ガイド』講談社
千田嘉博　二〇二一『城郭考古学の冒険』幻冬舎新書

【戦国期】
小島道裕編　二〇〇九『史跡で読む日本の歴史7――戦国の時代』吉川弘文館
五味文彦監修　二〇一八『戦国大名――歴史文化遺産』山川出版社
平山　優　二〇一七『武田氏滅亡』角川選書

【戦国・織豊期の城】
大阪市史編纂所・大阪市史料調査会編　二〇〇六『新修大阪市史 史料編第5巻　大坂城編』

岡寺　良　二〇二〇『戦国期北部九州の城郭構造』吉川弘文館
倉本一宏ほか　二〇二一『新説戦乱の日本史』SB新書
小島道裕　二〇〇九『描かれた戦国の京都――洛中洛外図屏風を読む』吉川弘文館
千田嘉博　二〇〇〇『織豊系城郭の形成』東京大学出版会
千田嘉博　二〇〇九『戦国の城を歩く』ちくま学芸文庫
千田嘉博編　二〇一二『天下人の城――信長から秀吉・家康へ』風媒社
千田嘉博　二〇一三『信長の城』岩波新書
千田嘉博ほか　二〇一五『城から見た信長』奈良大ブックレット05、ナカニシヤ出版
仲川　靖ほか　二〇〇九『特別史跡安土城跡発掘調査報告書Ⅱ』滋賀県教育委員会
中村通夫・湯沢幸吉郎校訂　一九四三『雑兵物語・おあむ物語』岩波文庫
日本史研究会編　二〇〇一『豊臣秀吉と京都――聚楽第・御土居と伏見城』文理閣
濱崎加奈子監修　二〇二二『京都　二条城と寛永文化』青幻舎
宮武正登　二〇二〇『肥前名護屋城の研究――中近世移行期の築城技法』吉川弘文館
村田修三監修　二〇一七『織豊系城郭とは何か――その成果と課題』サンライズ出版
山科本願寺・寺内町研究会編　二〇〇三『掘る・読む・あるく　本願寺と山科二千年』法藏館

【世界の城】
小島道裕編　二〇一〇『武士と騎士――日欧比較中近世史の研究』思文閣出版
千田嘉博監修　二〇一四『世界の城塞都市』開発社
HERZOG Ze'ev 1986, "Das Stadttor in Israel und in den Nachbarländern", Philipp von Zabern, Mainz am Rhein
PIANA Mathias 2008, "Burgen und Städte der Kreuzzugszeit", Michael Imhof, Petersberg
TOY Sidney 1955, "A History of Fortification from 3000 BC to AD 1700", Pen & Sword Military Books, Barnsley
LAWRENCE Arnold Walter 1979, "Greek Aims in Fortification", Oxford University Press, Oxford

二〇六・二二一頁の図版　協力：大阪城天守閣、京都市立芸術大学芸術資料館、東京国立博物館
※ＪＳＰＳ科研費ＪＰ１７１０２００１（立正大学）の助成を受けた研究成果を活用しています。

千田嘉博 せんだ・よしひろ
1963年生まれ。城郭考古学者。奈良大学卒業。文部省在外研究員としてドイツ考古学研究所・ヨーク大学に留学。大阪大学博士（文学）。名古屋市見晴台考古資料館学芸員、国立歴史民俗博物館考古研究部助手・助教授、奈良大学助教授・教授、テュービンゲン大学客員教授を経て、2014年から16年に奈良大学学長。現在、奈良大学文学部文化財学科教授。2015年に濱田青陵賞を受賞。著書に『織豊系城郭の形成』（東京大学出版会）、『戦国の城を歩く』（ちくま学芸文庫）、『信長の城』（岩波新書）、『城郭考古学の冒険』（幻冬舎新書）などがある。

朝日新書
888
歴史《れきし》を読《よ》み解《と》く城歩《しろある》き

2022年11月30日第1刷発行

著者 千田嘉博

発行者 三宮博信
カバーデザイン アンスガー・フォルマー 田嶋佳子
印刷所 凸版印刷株式会社
発行所 朝日新聞出版
〒104-8011 東京都中央区築地5-3-2
電話 03-5541-8832（編集）
03-5540-7793（販売）

Published in Japan by Asahi Shimbun Publications Inc.
ISBN 978-4-02-295196-0
定価はカバーに表示してあります。

この世界の問い方
普遍的な正義と資本主義の行方

大澤真幸

中国の権威主義的資本主義、コロナ禍、ロシアによるウクライナ侵攻。激変する世界の中で「適切な問い」を立て、表面的な事象の裏にある真因を探る。未来をより良くする可能性はどこにあるのか？　大澤社会学が現代社会の事象に大胆に切り結んでいく。

進路格差
〈つまずく生徒〉の困難と支援に向き合う

朝比奈なを

新卒主義でやり直しがきかない日本社会は、高校卒業時の選択がその後の命運を握ってしまう。大学・専門学校の実態から、旧態依然とした高校生の就活事情まで、進路におけるさまざまな問題を指摘し教育と労働のあり方を問う。

歴史を読み解く城歩き

千田嘉博

全国に三万カ所以上あった中・近世の城郭跡。自然に触れて心が豊かになり仕事への意欲もわく。いいことずくめの城歩き。歩けば武将たちの思いも見えてくる。全国の城びとを応援する著者による城歩き指南決定版。朝日新聞好評連載等をもとにまとめた一冊。

昭和史研究の最前線
大衆・軍部・マスコミ、戦争への道

筒井清忠／編著

世間は五・一五事件の青年将校を「赤穂義士」になぞらえて称賛した！　軍部とマスコミに先導された〝大衆世論〟の変遷から戦争への道筋を読み解く、最新研究に基づく刺激的な論考。ウクライナ戦争、米中対立など国際情勢が緊迫化する今こそ読まれるべき一冊！